랭체인으로 실현하는 LLM 아키텍처

랭체인으로 실현하는
LLM 아키텍처

초판 1쇄 2024년 8월 12일

지은이 조대협
감　수 이종범
발행인 최홍석

발행처 (주)프리렉
출판신고 2000년 3월 7일　제 13-634호
주소 경기도 부천시 길주로 77번길 19 세진프라자 201호
전화 032-326-7282(代)　**팩스** 032-326-5866
URL www.freelec.co.kr

편　집 고대광
디자인 황인옥

ISBN 978-89-6540-394-4

이 책에 대한 의견이나 오탈자, 잘못된 내용의 수정 정보 등은 프리렉 홈페이지(freelec.co.kr)
또는 이메일(help@freelec.co.kr)로 연락 바랍니다.

LLM 애플리케이션 아키텍처
설계와 실전 개발 퀵 가이드

랭체인으로 실현하는
LLM 아키텍처

조대협 지음 | 이종범 코드 감수

프리렉

ChatGPT가 소개되면서 부터, 생성형 AI 기술이 실제 업무에 활용되기 시작했습니다. 코딩 어시스턴트부터 창작물 생성, 요약, 채팅까지 다양한 분야에서 LLM 기술이 적용되고 있습니다. 2016년, 알파고가 인간을 이긴 이후 딥러닝 기술이 유행하던 시절을 보는 것 같습니다. 당시 모든 기업이 머신러닝 기술과 엔지니어 확보에 열을 올렸고, 전 세계는 딥러닝 기술에 열광하고 있었습니다.

생성형 AI 기술은 열광을 넘어서 초보 개발자가 API 서버를 쉽게 구축하거나 단 몇 일 만에 게임을 개발할 수 있게 도와주며 혁신을 만들어 내고 있습니다. 그러나 대부분의 LLM 기반 생성형 AI 애플리케이션은 모델 호출과 프롬프트 엔지니어링에 집중하거나, 간단한 파인튜닝과 외부 문서 저장소 RAG 사용에 그치는 경우가 많습니다.

실제 운영 환경 수준의 애플리케이션은 이보다 훨씬 더 복잡한 구조를 가집니다. 보안, 외부 시스템 연동, 성능, 비용 등 다양한 요소를 고려해야 합니다. 예를 들어, 개인화된 광고 카피를 생성하는 시스템에서 'Just Do It!!'과 같은 특정 광고 문구를 사용한다면 나이키의 광고 카피라이트이므로 저작권 문제가 발생할 수 있습니다. 이외에도 들어오는 질문에 조금 더 상세한 프롬프트를 선택하거나 외부의 구글 검색 엔진이나 회사의 데이터베이스에서 정보를 참조하는 등의 시스템은 보다 진보된 아키텍처를 필요로 합니다.

생성형 AI 기술이 초반인 만큼 이러한 구조적인 부분의 정보를 찾아보기 어려운데, 오픈소스 랭체인은 LLM 애플리케이션 개발을 위한 프레임워크일 뿐만 아니라, 생성형 AI 애플리케이션의 아키텍처 콘셉트를 그대로 반영하고 있어, 랭체인을 직접 사용하지 않더라도 구조를 파악하는 것만으로도 큰 도움이 됩니다.

랭체인은 근래에 소개된 오픈소스 중에서 가장 빠르게 성장하고 있는 오픈소스이며 다양한 모델을 지원하고 있습니다. 마치 자바의 JDBC 드라이버로 코딩하면 다양한 백엔드 데이터베이스와 동일한 인터페이스로 구현할 수 있는 추상화 개념과 같습니다. 단순하게 모델을 바꿔쓰는 것뿐만 아니라 다양한 모델을 섞어서 성능이나, 목적, 그리고 가격에 따라서 혼용해서 선택해 사용할 수 있습니다.

랭체인은 LLM 애플리케이션 개발뿐만 아니라 개발된 애플리케이션을 서빙하기 위한 플랫폼 및 테스트와 디버깅을 위한 플랫폼을 같이 제공하고 있습니다. 자바에서 API는 스프링, 파이썬은 Flask와 같이 암암리에 사용하고 있는 표준 기술이 있다면, 랭체인은 LLM 애플리케이션 개발을 위한 다음 세대의 차세대 표준 기술이 되지 않을까 조심스럽게 예상합니다.

이 책은 랭체인을 빠르게 이해하고, 실제 운영 환경 수준의 생성형 AI 애플리케이션의 핵심 구조를 파악하는 데 목적을 두고 있습니다. 독자분들이 LLM을 단순히 호출하는 것을 넘어, 어떻게 운영 수준의 애플리케이션을 개발할 수 있는지, 어떤 구조를 가져야 하는지, 랭체인을 이용하여 어떻게 쉽게 개발할 수 있는지에 대한 인사이트를 얻을 수 있기를 바랍니다.

2024년 5월, 실리콘밸리에서…

예제 파일 내려받기

이 책에서 진행하는 모든 코드는 아래 깃허브에서 내려받을 수 있습니다.

https://github.com/bwcho75/langchain-quickstart

개발환경

이 책의 예제는 기본적으로 로컬 환경과 클라우드 환경에서 실행할 수 있습니다. 로컬 환경에서는 Python 3.8 이상, Jupyter Notebook 또는 JupyterLab, Git을 사용합니다. 가상 환경을 생성하고 필요한 패키지를 설치한 후 Jupyter Notebook을 실행하여 코드를 순서대로 실행합니다.

클라우드 환경에서는 Google Colab을 사용하여 새로운 노트북을 생성하고, 필요한 패키지를 설치한 후 코드를 실행합니다. 또한, Pinecone과 Redis 클라우드를 사용하여 벡터 데이터베이스 서비스와 데이터 캐싱을 처리할 수 있습니다. Pinecone은 대규모 데이터 검색 및 관리에 사용되며, Redis 클라우드는 실시간 데이터 처리를 위한 캐싱에 활용됩니다.

랭체인(LangChain)의 버전은 0.1.16입니다. 각 코드 실행 전에 필요한 API 키나 인증 정보를 확인하고, 모델 다운로드 시 인터넷 연결이 필요합니다. 설치나 환경 설정에 대한 자세한 설명은 지면 관계상 다루지 않으니, 인터넷이나 커뮤니티, 관련 참고자료를 참고하시기 바랍니다.

[3장] LLM 모델

[4장] 랭체인을 이용한 LLM 모델 개발의 확장

[5장] RAG와 에이전트

LANGCHAIN_QUICK_GUIDE

Hello LangChain

1장

LLM 애플리케이션 아키텍처

ChatGPT와 같은 LLM 모델을 사용하여 개발하는 일반적인 형태는 다음 그림과 같은 구조를 가지고 있다. 초기 단계에서는 보통 프롬프트 엔지니어링을 통해 생성된 프롬프트를 LLM에 입력하고 그 결과를 리턴 받아 사용한다. 이 단계에서는 주로 단순한 프롬프트 작성과 응답 확인이 이루어진다.

이보다 좀 더 발전된 형태에서는 모델을 특정 목적에 맞게 파인 튜닝하여 사용한다. 파인 튜닝을 통해 특정 도메인이나 작업에 최적화된 성능을 낼 수 있게 된다. 예를 들어, 의료 분야에서는 의료 텍스트를 학습한 LLM을 활용하여 더 정확한 의료 정보를 제공할 수 있다. 또한, 외부 문서 저장소를 통해 데이터를 더욱 풍부하게 활용하는 형태로 개발이 이루어진다. 이를 통해 LLM이 기존에 학습한 데이터뿐만 아니라, 최신 정보나 특정 도메인의 정보를 실시간으로 활용할 수 있게 된다. 이 단계에서는 외부 데이터 소스와의 연동이 중요한 역할을 한다.

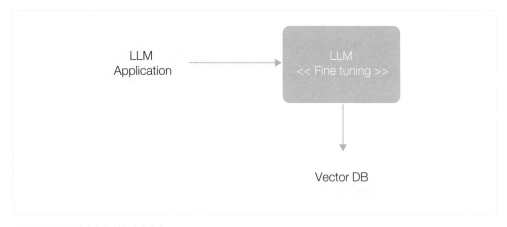

기본적인 구조에서는 LLM을 한 번 정도 호출하는 구조를 가지고 있다. 그러나 실제 운영 환경에서의 LLM 기반 애플리케이션은 단순한 구조를 넘어서 매우 복잡한 구조를 가지고 있다. 보안에서부터 시작해서 여러 모델을 동시에 호출한다거나 외부 API와 검색 엔진과의 연동 등 다양하고 복잡한 구조를 가지고 있다. 다음 그림은 LLM 애플리케이션의 아키텍처 예시이다.

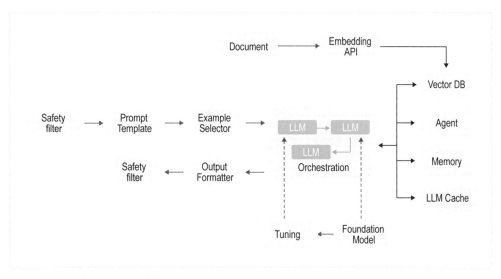

단순하게 프롬프트를 작성해서 LLM을 한 번만 호출하는 것이 아니라, 여러 예제를 만들고 질문의 종류에 따라 적절한 예제를 동적으로 선택하게 한다거나, 같은 질의를 여러 다른 LLM 모델에 질의 한 후, 그중에서 가장 알맞은 답변을 고르게 해서 최적의 답변을 제공하도록 한다. 또한, LLM이 학습하지 못한 데이터를 구글 검색 엔진과 같은 외부 데이터 소스에서 검색해와 LLM이 사용하는 구조로 구현이 가능하다. 이를 LLM 애플리케이션 고급 아키텍처라고 한다.

이 책에서는 이렇게 복잡한 LLM 애플리케이션 아키텍처를 단순히 설명하는 것을 넘어서, 랭체인(Langchain)을 이용하여 실제로 상용 수준의 LLM 애플리케이션을 어떻게 개발하는지를 배울 수 있도록 안내한다. 랭체인의 구조를 통해, LLM 애플리케이션의 아키텍처가 구체적으로 어떻게 구현되는지 이해하게 될 것이다.

LLM 애플리케이션을 구성하는 컴포넌트들을 보면 다음과 같다.

1.1 안전 필터(Safety filter)

챗봇과 같은 LLM 기반 애플리케이션에서는 사용자와의 직접적인 상호작용이 이루어지기 때문에 안전 필터(Safety Filter)의 역할이 중요하다. 안전 필터는 LLM을 통해 들어오는 질의와 응답하는 모든 데이터에 대해 적절한 내용인지를 판단해야 한다. 예를 들어 성적, 폭력적, 또는 상호 비방 콘텐츠 등에 대해서는 입력 단계에서 필터링해야 하고, 마찬가지로 출력에서도 이를 필터링하여 부적절한 콘텐츠가 입력되거나 사용자에게 전달되는 일을 방지해야 한다.

필터링의 중요성

LLM 출력에서 부적절한 콘텐츠를 필터링하는 것은 단순히 내용의 부적절함을 넘어서, 사용자의 연령, 종교, 문화적 배경 등의 특성을 고려하여 커스터마이징된 입력과 출력을 제공하는 데에도 중요하다. 또한, 경우에 따라서는 응답 내용이 지적 재산권을 침해하는지도 체크해야 한다. 예를 들어 마케팅 문구를 만들어주는 LLM 애플리케이션의 경우, 기존의 마케팅 슬로건과의 중복을 피하거나 지적 재산권을 침해하지 않도록 해야 한다.

고급 필터링 기술

간단한 구현은 프롬프트 엔지니어링을 통해서 가이드라인을 설정할 수 있지만, 지적 재산권 검색이나 패턴 등을 이용한 고급 기술을 필요로 하는 필터링을 해야 하는 경우에는 RAG(Retrieval Augmented Generation) 구조를 이용한다. 이 방법은 특정 패턴들을 문서 데이터베이스에 저장해놓고 비슷한 내용이 입력될 경우 이를 자동으로 필터링하는 기능을 제공한다.

필터링 강도 조절

안전 필터는 경우에 따라서 강도를 조정할 수 있는 기능도 가져야 하며, 고객의 성향이나 유스케이스에 따라서 강하게 필터링을 하거나 약하게 필터링을 할 수 있도록 조정해야 한다. 이는 LLM 애플리케이션의 사용성을 높이고 사용자 경험을 개선하는 데 중요한 역할을 한다.

사용자 경험의 중요성

특히 사용자와 직접 상호 작용하는 챗봇의 경우에는 이러한 안전 필터의 기능이 대단히 중요한데, 많은 초보적인 애플리케이션에서는 이러한 기능을 생략한체 구현되는 경우가 많다. 안전 필터는 사용자로부터 신뢰를 얻고 애플리케이션의 품질을 보장하는 데 필수 요소이다.

1.2 프롬프트 템플릿(Prompt Template)

LLM 애플리케이션에서 프롬프트 템플릿의 활용은 중요한 역할을 한다. 특히 반복적인 시나리오나 비슷한 유형의 요청에 따라서 재사용하는 경우가 많아, 효율성과 일관성을 크게 향상시킬 수 있다.

■ **프롬프트 템플릿이란**

프롬프트 템플릿은 LLM에 입력되는 프롬프트를 표준화하고, 변수만을 변경하여 다양한 상황에 적용할 수 있도록 만든 패턴이다. 이 방법으로 개발자는 특정 시나리오에 맞게 프롬프트를 빠르게 재구성할 수 있으며, 이는 애플리케이션의 확장성과 재사용 가능성을 높여 준다.

예를 들어 여행 가이드 챗봇을 개발하는 경우, 사용자가 특정 여행 장소에 대한 정보를 요청할 때마다 각 지역명을 변수로 설정하여 같은 질문 템플릿을 재사용할 수 있다. "경복궁에 대한 여행 정보를 알려줘." 또는 "명동에 대한 여행 정보를 알려줘"와 같은 질문은 장소 이름만 바꾸면 되므로 템플릿으로 처리하기 좋다.

■ **프롬프트 템플릿의 구현**

프롬프트 템플릿을 구현할 때는 일반적으로 텍스트 내의 변수를 식별할 수 있는 표시를 해두어야 한다. 예를 들어, "{location}에 대한 여행 정보를 알려줘"에서 {location}은 사용자가 요청하는 구체적인 여행지로 대체된다.

다음 그림은 프롬프트에서 형용사, 토픽, 그리고 도시 이름을 변수 처리한 후, 값을 각각 "famous", "place", "seoul"로 설정하여 템플릿으로 프롬프트를 생성한 개념이다.

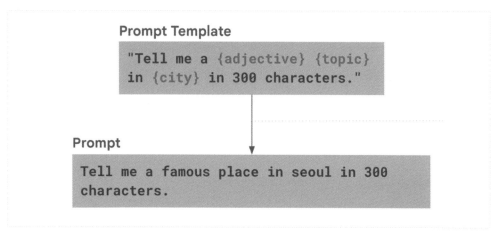

■ 프롬프트 템플릿의 개념

이와 같이 프롬프트 템플릿을 활용함으로써, LLM 애플리케이션은 다양한 요청에 대해 빠르고 정확한 응답을 제공할 수 있다.

1.3 예제 선택기(Example Selector)

LLM 애플리케이션에서 프롬프트를 작성할 때 질문과 답변에 대한 적절한 예제를 첨부하는 것은 응답의 정확도와 관련성을 높이는 데 매우 중요하다. 이 과정에서 사용되는 기법을 N-Shot prompting(엔샷 프롬프팅)이라고 한다.

N-Shot prompting은 단순히 기계적으로 같은 예제를 첨부하는 것이 아니라, 여러 예제를 제시하여 질문의 종류에 따라 최대한 좋은 답을 낼 수 있는 예제를 선택할 수 있게 하여 적합한 답변을 생성할 수 있도록 훈련하는 방법이다. 이 방식을 통해 모델은 질문의 맥락을 더 잘 이해하고, 관련성 높은 정보를 제공하도록 유도된다.

프롬프트의 길이는 LLM의 입력 토큰 길이에 영향을 받기 때문에, 예제가 길면 요약을 하거나 필요한 부분만 잘라서 프롬프트에 포함 할 필요가 있다. 이러한 문제를 해결하기 위한 것이 예제 선택기인데, 질문에 따라서 적절한 프롬프트를 선택하는 기능을 할 수 있다. 예를 들어 다음과 같이 입력글을 요약하도록 하는 프롬프트 예제가 있다고 하자.

코드 예제

1. 날씨 요약에 대한 예제
```
{"input":"Please summarize the weather news.\n"
,"summary":"Today's weather: Sunny skies, mild temperatures,"\
" and a gentle breeze. Enjoy the pleasant conditions throughout the day!"},
```

2. 경제 뉴스 요약에 대한 예제
```
{"input":"Please summarize the economy news.\n","summary":"Global stocks rise on
                                                positive economic data;"\
"inflation concerns persist. Tech sector outperforms; central banks closely
                                                monitor."},
```

3. 소매업 뉴스 요약에 대한 예제
```
{"input":"Please summarize retail news.\n","summary":"Major retailer announces
                        record-breaking sales during holiday shopping season"},
```

4. 주식 시장 동향에 대한 예제
```
{"input":"What is stock market trend?\n","summary":"Investor optimism grows amid
                        easing global trade tensions"},
```

이제 LLM 애플리케이션에 대한 질문이 "이번 주의 경제 트랜드와 날씨에 대해서 알고 싶다(I want to know the economy trends and weather this week.)"라면, 예제 선택기는 프롬프트 예제 중에서 경제와 날씨 요약에 대한 예제를 골라서, 프롬프트에 다음과 같이 삽입하게 된다.

코드 예제

```
Input:Please summarize the weather news.
```

Summary:Today's weather: Sunny skies, mild temperatures, and a gentle breeze. Enjoy the pleasant conditions throughout the day!

Input:What is stock market trend?
Summary:Investor optimism grows amid easing global trade tensions

이렇게 예제 선택기를 활용하면, 프롬프트의 관련성과 정확도를 높여 LLM이 보다 유용하고 적절한 답변을 생성할 수 있도록 도와준다.

1.4 LLM 모델

안전 필터(Safety filter), 프롬프트 템플릿(Prompt Template) 그리고 예제 선택기(Example Selector)를 이용해서 프롬프트를 준비한 후, LLM을 호출할 수 있다. LLM을 활용하는 단계에서는 다양한 모델을 선택할 수 있으며 각각의 모델은 특정 요구사항과 목적에 따라 다르게 적용될 수 있다.

▪ 다양한 LLM 모델

시장에는 여러 다양한 종류의 LLM 모델이 있으며 이 모델들은 정확도나 응답 시간, 입출력 토큰의 길이나 비용 등의 차이가 있다. 예를 들면 다음과 같다.

- **ChatGPT**: OpenAI에서 제공하는 모델로, 대화형 응답 생성에 강점을 가지고 있다.
- **미스트랄**: 특정 도메인에 특화된 LLM 모델로, 전문적인 지식을 필요로 하는 응답에 유리하다.

- **제미나이**: 다국어 지원에 강점을 가지며, 다양한 언어로의 번역과 다국적 사용자 지원에 적합하다.
- **클로드(Claude)**: 높은 정확도와 빠른 응답 시간을 제공하며, 대규모 데이터 처리에 적합하다.

■ 모델 선택의 중요성

LLM 모델 선택은 애플리케이션의 요구사항에 따라 매우 중요하다. 예를 들어, 실시간 대화를 위한 애플리케이션에서는 응답 시간이 짧은 모델이 필요할 수 있으며, 대규모 데이터 분석을 위한 애플리케이션에서는 높은 정확도를 제공하는 모델이 필요할 수 있다. 또한, 비용이 중요한 경우에는 경제적인 모델을 선택하는 것도 고려해야 한다.

■ 여러 LLM 모델의 혼용

하나의 LLM만을 사용할 수도 있지만, 경우에 따라서는 여러 개의 LLM 모델을 혼용하여 사용할 수도 있다. 예를 들어, 기본적인 질문에는 ChatGPT를 사용하고, 전문적인 지식이 필요한 질문에는 미스트랄을 사용하며, 다국어 지원이 필요한 경우에는 제미나이를 사용하는 방식이다. 이렇게 모델을 혼용하여 사용하면 각 모델의 장점을 최대한 활용할 수 있으며, 애플리케이션의 전반적인 성능과 유연성을 높일 수 있다.

이와 같이 하나의 LLM만을 사용할 수 도 있겠지만 경우에 따라서는 여러 개의 LLM 모델을 적절하게 선택하고 혼용함으로써, LLM 애플리케이션은 다양한 요구사항을 충족하고 사용자에게 더 나은 경험을 제공할 수 있다.

1.5 오케스트레이션(Orchestration)

LLM 애플리케이션을 운영 환경에서 효과적으로 구현하기 위해 단순히 하나의 LLM을 한 번만 호출하고 끝나는 것이 아니라, 복잡한 워크플로우를 통해 여러 번 호출하는 과정이 필요하다. 이 과정에서 오케스트레이션은 핵심적인 역할을 수행한다.

■ 오케스트레이션의 기능

LLM에서 나온 출력을 다시 LLM에 입력으로 사용하여 추가 질의를 하거나, 출력 내용에 따라 질문을 바꾸어 다시 질문하는 라우팅 등의 기법을 포함한다. 또한, 병렬 처리를 통해 동시에 두 개 이상의 질문을 처리할 수 있다.

사실 LLM 애플리케이션을 운영 환경 수준에서 구현하려면 다양한 LLM을 다양한 구조로 여러 번 호출하는 워크플로우 형태를 띠게 된다. 이렇게 복잡한 워크플로우를 처리해 주는 기능을 오케스트레이션이라고 한다. 오케스트레이션을 통해 애플리케이션은 복잡한 작업을 순차적 또는 병렬적으로 처리할 수 있으며, 이를 통해 응답의 품질과 속도를 크게 향상시킬 수 있다.

■ 오케스트레이션의 예

다음은 설명을 돕기 위한 예제로, "대한민국에서 가장 유명한 관광지 정보"를 요청한 경우, 오케스트레이션을 통해 다음과 같은 작업이 수행된다.

- **첫 번째 단계:** "대한민국에서 가장 유명한 관광지 정보"를 LLM에 질의하여 얻는다.
- **두 번째 단계:** 첫 번째 단계에서 얻은 관광지 정보를 바탕으로 해당 "관광지 근처의 유명한 레스토랑" 정보를 추가로 질의한다.

- **세 번째 단계:** "해당 레스토랑의 유명한 메뉴 정보"를 질의한다.
- **병렬 처리:** 동시에 "해당 관광지에 도착하기 위한 대중 교통 수단" 정보를 질의한다.
- **최종 단계:** 앞서 얻은 3개의 정보를 최종적으로 취합하여 사용자에게 제공한다.

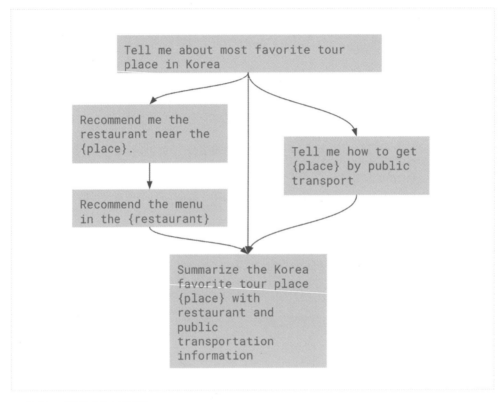

■ 오케스트레이션 파이프라인 예시

물론 하나의 프롬프트에 이 내용을 모두 질의할 수 도 있겠지만, 입출력 토큰의 크기가 한정되어 있기 때문에 각각 분리된 질의로 하면 상세한 질문과 상세한 답변을 얻을 수 있다. 또한, 병렬 처리 등을 통해 응답 시간을 단축하고 효율성을 높일 수 있다.

1.6 에이전트(Agent)

LLM은 주로 학습 당시의 지식만을 가지고 있기 때문에 최신 정보를 가지고 있지 않다. 이러한 한계를 극복하기 위해, 외부 검색 엔진을 사용하여 실시간 데이터를 검색해서 사용하거나, 회사 내부의 데이터베이스에서 정보를 조회해서 사용하는 등의 외부 시스템 연동이 필수적이다. 이러한 기능을 수행하는 컴포넌트를 에이전트(Agent)라고 하며, 이때 에이전트가 사용하는 외부 연동 시스템을 툴(Tool)이라고 한다. 에이전트는 질문의 내용과 요구사항을 분석하여 어떤 외부 툴을 사용할지 결정한다. 이후, 선택한 툴을 호출하여 정보를 수집하고 이를 LLM 프롬프트에 통합하여 학습한 데이터의 시간적 한계를 극복하고 보다 정확하고 유용한 응답을 생성할 수 있도록 돕는다.

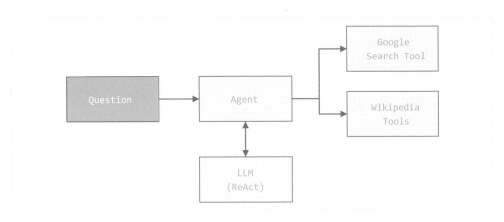

■ 에이전트와 툴의 연동 구조

기본적으로 에이전트는 외부 툴과 연계되어 답변을 생성하기 위한 툴을 사용한다. 예를들어 Google Search Tool이 있을 때, "한국 전쟁에 대해서 알려줘"라는 질문이 나오면 에이전트는 LLM을 통해 "한국 전쟁에 대한 디테일한 정보는 학습된 것이 없으니 Google Search Tool을 이용해야겠다"라고 판단하고 Google Search Tool을 이용하여 한국 전쟁에 대한 정보를 검색한다. 검색 후에 검색 결과를 판단하여 "한국 전쟁에 대한 전반적인 정보는 얻었지만 디테일한 사건에 대한 추가 정보가 필요해. 위키피디아를 검색해야겠어"라고 판단하고 Wikipedia 툴을 이용하여 검색한 후 추가 정보를 취합하여 사용자에게 전달한다.

이와 같이 에이전트는 LLM 모델의 학습된 정보뿐만 아니라, 외부 시스템과의 연동을 통해 추가적인 정보를 습득하여 답변할 수 있도록 한다.

1.7 벡터 데이터베이스(Vector DB)

외부 시스템과의 연동 방법 중 하나로, 질문과 연관된 문서를 검색하여 그 정보를 프롬프트에 컨텍스트 정보로 추가해서 사용하는 방법이 있다. 이 과정을 RAG 기법(Retrieval Argument Generation)이라고 하며 문서 데이터베이스를 활용해 질문에 더욱 깊이 있고 정확한 답변을 하는 데 사용된다.

RAG 기법은 문서 데이터베이스에 저장된 내용에서 질문과 관련된 문단이나 페이지를 검색하여, 그 내용을 LLM 프롬프트에 추가하고 추가된 내용을 기반으로 답변을 하게 하는 방식이다.

예를 들어 위키피디아 전체 문서를 문서 데이터베이스에 저장해 놓고, "한국 전쟁에 대해 설명해줘"라고 질의를 하면 LLM은 데이터베이스에 저장된 문서들 중 한국 전쟁에 관련된 문서 페이지만 추출해서 오게 된다. 추출된 문서 내용을 프롬프트에 삽입한 후, 문서 내용만을 이용해서 상세하게 답변하도록 하는 방식이다.

이 과정에서 중요한 역할을 하는 것이 벡터 데이터베이스다. 벡터 데이터베이스는 문서를 벡터 형태로 저장하고, 사용자가 입력한 질문과 가장 유사한 벡터를 찾아내는 데 사용된다. 이를 통해 LLM은 단순히 텍스트 매칭을 하는 것이 아니라, 문서의 의미적 유사성을 기반으로 관련된 정보를 검색할 수 있다.

RAG 기법은 LLM이 보다 심도 있는 정보를 제공하도록 돕고 사용자의 질문에 대해 더욱 정확하고 만족스러운 답변을 할 수 있도록 한다. 이 기법의 자세한 메커니즘과 효과에 대해서는 뒤에서 추가적인 설명을 통해 자세하게 설명하도록 할 것이다. 이러한 고급 기법의 도입은 LLM 애플리케이션의 유용성을 향상시키며 복잡한 정보 요구에 효과적으로 대응할 수 있다.

1.8 캐시(Cache)

LLM 애플리케이션에서 질의 응답을 처리할 때 비슷하거나 같은 질문을 여러 번 할 경우가 있다.

예를 들어 개발 중에 디버깅하면서 같은 프롬프트로 LLM을 여러 번 호출하는 경우를 생각할 수 있는데, 같은 질문을 보내면 같은 답변이 나오게 되지만 LLM은 계속해서 호출되므로 비용이 중복해서 발생한다.

또한, 비슷한 시나리오에서 사용자들이 유사한 질문을 할 경우에도 굳이 LLM 모델을 다시 호출할 필요가 없다. 예를 들어 "서울에서 유명한 관광지는?", "서울에서 관광하기 좋은 곳은?"과 같은 질문들은 같은 답변을 필요로 하므로 유사한 질문들은 캐싱을 통해 LLM 호출의 횟수를 줄일 수 있다.

이러한 과정을 캐싱 기법이라고 하는데, 캐싱은 LLM 애플리케이션의 내부 메모리에 데이터를 저장할 수 있을 뿐만 아니라, 외부의 Redis와 같은 메모리 데이터베이스나 MySQL과 같은 관계형 데이터베이스(RDBMS)에도 저장할 수 있다. 다음 그림은 캐싱 메커니즘으로 어떻게 캐시가 구성되고 관리되는지를 보여준다.

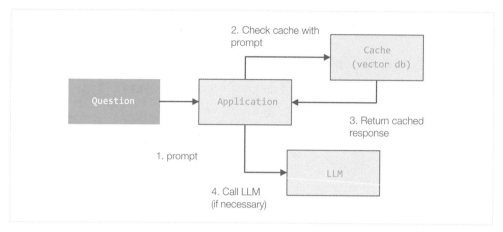

■ 캐싱 메커니즘

이러한 캐싱 메커니즘을 통해 LLM 애플리케이션은 불필요한 자원 사용을 줄이고, 전반적인 효율성을 높일 수 있다. 이는 특히 대규모 시스템에서 비용 절감과 응답 시간 단축에 큰 도움이 된다.

1.9 메모리(Memory)

챗봇과 같은 LLM 애플리케이션에서는 이전의 대화 내용을 기억하고 이를 바탕으로 기존 대화를 지속적으로 이어 나가야 한다. 이를 위해서 내부적으로 이전 대화 내용을 프롬프트에 삽입하여 사용하는 메모리 컴포넌트가 필요하다.

그러나 LLM 모델은 입력 토큰 수에 제한이 있어 모든 대화 내용을 저장할 수 없다. 따라서 이를 해결하기 위한 몇 가지 기법이 존재한다.

예를 들어 대화한지 오래된 내용과 최근에 대화한 내용을 분리해서 저장하는 방법이다. 오래된 대화 내용은 LTM(Long Term Memory, 장기 메모리)에 대화 내용을 요약해서 저장한다. 이는 필요할 때 다시 참조할 수 있도록 정보를 보존하는 역할을 한다. 반면, 최근의 대화 내용은 요약 없이 무손실로 STM(Short Term Memory, 단기 메모리)에 저장할 수 있다. 이는 현재 진행 중인 대화에 직접적으로 필요한 정보만을 제공한다.

이렇게 기존의 대화 내용을 저장하는 기능을 메모리(Memory) 컴포넌트라고 한다.

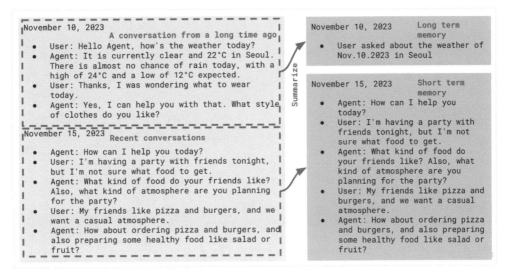

■ 숏텀과 롱텀 메모리 개념

이러한 메모리 시스템은 LLM 애플리케이션을 개발하는 데 있어 단순히 LLM 모델만이 아니라, 여러 부가적인 기능들이 필요하다는 것을 보여준다. 이러한 기능을 직접 개발할 수도 있지만, 이렇게 많이 사용되는 패턴을 컴포넌트들로 만들어 놓은 프레임워크가 바로 랭체인(Langchain)이다.

다음 장에서는 랭체인의 구체적인 기능들을 하나씩 살펴보면서 이 프레임워크가 LLM 애플리케이션의 개발을 어떻게 지원하는지 더 자세히 설명하겠다.

Hello LangChain

2장

랭체인의 구조와 기능

OpenAI의 ChatGPT와 구글의 PaLM2 같은 LLM 모델들은 서비스 개발을 위한 SDK를 제공한다. 이 SDK를 이용해서 애플리케이션을 직접 개발해도 되겠지만, SDK의 기능들을 추상화한 프레임워크를 사용한다면 조금 더 쉽게 애플리케이션을 개발할 수 있다.

예를 들어 데이터베이스의 경우 각각의 SDK를 제공하지만, 자바와 같은 언어에서는 데이터베이스 유형에 상관없이 통일된 방식으로 개발할 수 있는 JDBC와 같은 추상화 프레임워크를 사용한다. 또한, 더 나아가서는 JPA와 같은 고급 추상화 프레임워크를 이용하여, 개발의 생산성을 높일 수 있다.

LLM은 단순한 추상화와 생산성을 넘어 복잡한 애플리케이션 특성을 가지고 있어, 여러 단계를 거쳐 결과를 도출하는 시나리오가 자주 발생한다. 이런 여러 단계 처리 과정을 묶은 것을 '체인'이라고 하며, '랭체인'은 LLM을 이용한 여러 단계 처리에 특화된 플랫폼으로서 강점을 가지고 있다.

예를 들어서 Q&A 챗봇을 만드는 시나리오가 있다고 가정하자. ChatGPT는 기술적 한계로 한글보다 영어 질문에 더 인식이 잘된다고 가정을 했을 때, 우리는 첫 번째 단계에서 사용자의 질문을 영어로 '번역'하고 이어서 번역된 질문을 LLM에 '질의'하는 과정이 필요하다. 즉 이 두 단계를 '번역'과 '질의'로 나누어 순차적으로 실행하는 체인이 필요하다.

또한 번역은 높은 수준의 LLM이 필요하지 않으므로, 비교적 비용 효율적인 ChatGPT 3.5 Turbo를 사용하는 것이 적합하다. 반면, 질문에 대한 답변을 생성하는 과정에서는 보다 정교한 처리가 필요하므로 고성능의 ChatGPT 4.0 Turbo를 사용하도록 다음과 같이 구성할 수 있다.

OpenAI에서 발표한 최신 연구에 따르면, ChatGPT 4.0은 3.5 버전에 비해 언어 이해 능력과 문맥적 정확성에서 상당한 개선을 보여주었다. 이러한 개선은 특히 복잡한 언어 처리 요구가 있는 애플리케이션에서 그 효용성이 더욱 두드러진다. 따라서, 각 단계의 요구 사항에 맞는 LLM의 선택은 처리 효율성과 비용 측면에서 매우 중요한 결정이다.

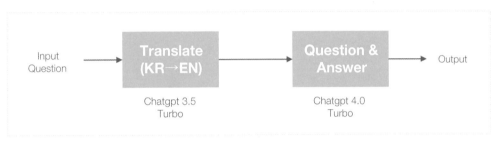

■ ChatGPT를 이용한 번역 및 질의응답 프로세스

랭체인은 이렇게 복잡한 LLM 애플리케이션 개발을 지원하기 위해 개발된 오픈소스 프레임워크로 2023년 12월 현재 파이썬과 자바스크립트를 지원한다. 특히 주목할 만한 사실은 파이썬에서 인기 있는 오픈소스인 프레임워크인 장고(Django)가 40만 스타를 받는데 8년이 걸렸다는 점과 대조적으로, 랭체인은 단 6개월 만에 같은 수준의 스타를 받을 만큼 빠르게 성장하고 있다. 이 프레임워크는 거의 매달 새로운 기능을 추가하고 있으며 공식 사이트의 문서도 지속적으로 업데이트되고 있다.

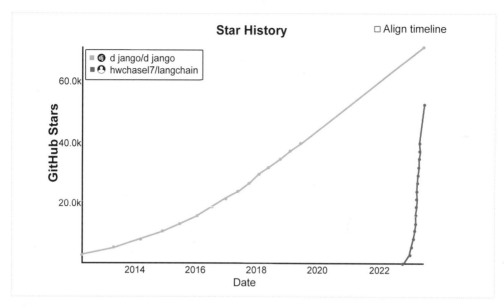

Star History

■ ChatGPT 사용 증가 이후 랭체인 사용 증가

랭체인은 다양한 장점을 가지고 있어, LLM 애플리케이션 개발에서 큰 유연성을 제공한다. 주요 특징은 다음과 같다.

- **랭체인을 사용하여 개발된 LLM은 종류에 상관없이,** 다양한 LLM 플랫폼으로의 전환이 쉽다. 이는 기술적 제약을 최소화하며 더 넓은 범위의 LLM 플랫폼에 적용할 수 있는 가능성을 열어준다.

- **여러 처리 단계를 간편하게 구현할 수 있다.** 이는 다양한 처리 요구사항을 효과적으로 관리할 수 있게 하여, 복잡한 워크플로우를 단순화한다.

- **LLM 외부의 데이터베이스, 벡터 데이터베이스, 검색 엔진 등 다양한 외부 컴포넌트와의 통합이 쉽다.** 이러한 기능은 외부 데이터 소스를 LLM 처리 과정에 쉽게 통합하여 더 풍부하고 정확한 데이터 처리를 가능하게 한다(에이전트).

- **랭체인의 에코 시스템인 LangSmith, LangServ 등을 통해** 모델 서빙, 모니터링, 모델 평가 등의 운영에 필요한 기능을 개발할 수 있다. 이는 전체적인 시스템 관리와

유지 보수를 보다 체계적으로 수행할 수 있게 돕는다.

이러한 특징들은 랭체인을 사용하는 개발자들에게 고도화된 기능과 높은 적용성을 제공하여, LLM 기술을 최대한 활용할 수 있게 한다.

2.1 개발환경 설정

이번 절에서는 랭체인을 시작하기 위한 개발환경을 설정한다. 랭체인은 파이썬 기반의 라이브러리이므로, 파이썬이 설치되어 있어야 한다. 또한, 코드 작성과 실행을 위해 JupyterLab이나 Google Colab을 사용할 것이다.

먼저, 랭체인 0.1.0 버전을 설치하고 Python 3.10.12 버전을 사용할 것이다. 예제는 JupyterLab을 사용하였으나 Google Colab에서 실행할 수 있으니, 둘 중 편리한 환경을 선택하면 된다.

▪ 구글 코랩 사용하기

1. 간단하게 클라우드 기반의 무료 주피터 노트북 환경인 Google Colab의 사용법을 알아보도록 하자. Google Colab은 https://colab.research.google.com/에 접속하여 사용할 수 있다.

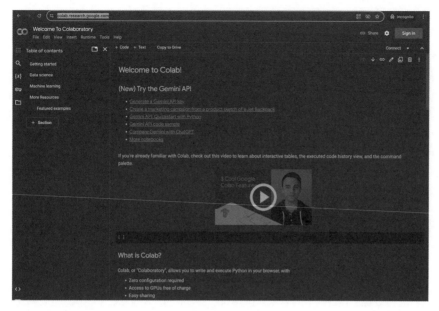

■ Colab 초기화면

2. 초기화면에 접속한 후, 우측 상단에 'Sign in'을 클릭하여, 구글 계정으로 로그인한다. 로그인을 하면, 다음 그림과 같이 'Open notebook' 환경이 나오는 데, 아래 [+ New notebook] 버튼을 클릭하여 새로운 노트북을 만들 수 있다.

■ **랭체인 설치**

3. 개발환경이 준비되면, 랭체인을 설치해야 한다. 다음 명령어를 실행하여 랭체인을 설치할 수 있다.

```
pip install langchain==0.1.0
```

2.2 Hello LangChain

이번 절에서는 랭체인이 어떻게 작동하는지 간단한 예제를 통해 살펴보자. 다음 예제에서는 OpenAI의 ChatGPT와 구글의 PaLM 모델을 호출하는 방법을 보여준다.

2.2.1 Hello World - ChatGPT

먼저 OpenAI의 API를 사용하기 위해서는 OpenAI 사이트에 가입한 후 유료 사용자로 전환해야 한다. 그런 다음 그림과 같이 대쉬보드 좌측 메뉴에서 'API Keys'를 클릭하여 API 키를 생성할 수 있다.

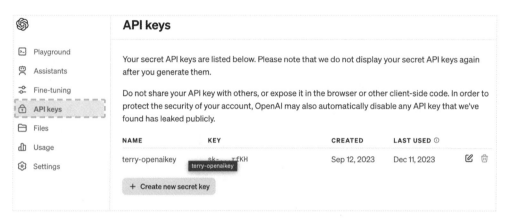

■ platform.openai.com에서 API 키를 생성하는 메뉴

이렇게 생성된 Open AI api key 문자열은 코드에서 api key로 지정하여 사용한다. 이제 실제로 LLM 모델을 이용해 간단하게 "What is top 5 Korean reastaurant in BayArea?" 라는 질문에 대해 답변하는 코드를 만들어보자.

먼저 랭체인 패키지를 설치해야 한다. 여기서는 langchain 0.1.0 버전을 사용한다. langc-hain은 아직 릴리스 전이라 버전 0.X로 제공되고 있으며 SDK가 계속 변경되기 때문에, 버전을 지정해 놓고 설치해서 같은 버전을 사용하는 것이 좋다. 버전을 지정하지 않으면 새로운 버전이 매번 설치될 수 있어, 이전에 잘 실행되던 코드가 실행되지 않을 수 있으니 주의가 필요하다.

```
!pip install langchain==0.1.0
```

다음은 OpenAI를 사용하는 코드 예제다.

코드 예제

```
# 랭체인과 OpenAI 라이브러리 임포트
from langchain import PromptTemplate
from langchain.llms import OpenAI

# OpenAI ChatGPT LLM 초기화
llm = OpenAI(openai_api_key="{YOUR_OPENAI_KEY}"
,model_name="gpt-3.5-turbo-instruct",temperature=0.8)
question = "What is top 5 Korean restaurant in BayArea?"
answer= llm(question)
print(answer)
```

> {YOUR_OPENAI_KEY}에 실제 API 키를 넣어야 한다.

실행 결과는 다음과 같다.

실행 결과

1. Han Il Kwan - San Francisco
2. Gen Korean BBQ House - San Jose
3. Surisan - San Francisco
4. Gung Ho Korean BBQ - San Francisco
5. Tofu House - Berkeley

2.2.2 Hello World - Google Gemini

구글의 LLM 모델인 Gemini Pro 모델을 접근하려면 Google AI Studio에서 API 키를 발급 받아야 한다. AI Studio에서 API 키를 발급 받으려면 구글 클라우드 계정과 프로젝트를 가지고 있어야 한다.

먼저 구글 클라우드 계정을 만들자. 구글 클라우드 계정은 https://cloud.google.com/free 에서 만들 수 있으며, 무료로 $300 크레딧이 제공된다. 가입 시 신용카드 정보가 필요하니 미리 준비하자.

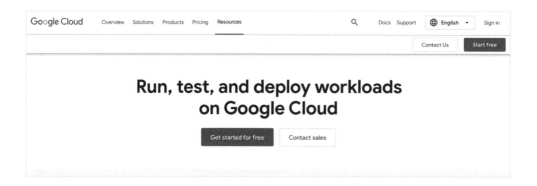

1. 가입 신청을 누르면 다음과 같이 개인정보와 신용카드 정보를 입력하는 화면이 나온다. 필요한 내용을 채워서 가입을 완료한다.

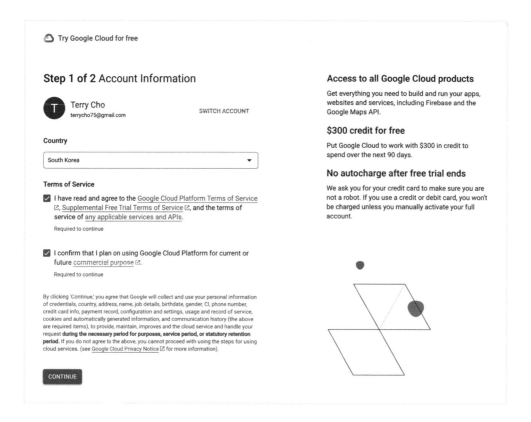

2. 가입이 완료되면 구글 클라우드 콘솔로 자동으로 이동한다. 상단에 프로젝트 이름이 "My First Project"로 자동 생성된 것을 볼 수 있다.

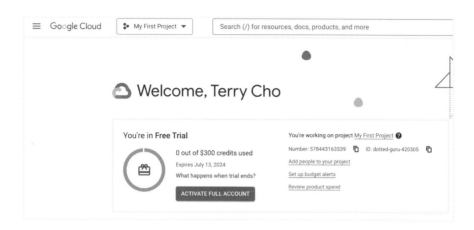

3. 이제 Google Gemini API 키를 만들어보자. 구글 AI Studio에서 API 키를 생성할 수 있는데, https://ai.google.dev/로 이동하면 다음과 같은 화면이 나온다. 여기서 "Get APIKey in Google AI Studio"를 선택한다.

4. 다음으로 그림과 같이 프롬프트를 테스트할 것인지, API 키를 발급할 것인지를 물어
   보는데, Get API Key를 선택한다.

5. 다음과 같이 약관에 동의하고 화면 하단의 [Continue] 버튼을 클릭한다. Google 로
   그인 페이지로 리디렉션되는 데 로그인하면, 자동으로 Google AI Studio 콘솔 화면으로
   이동하게 된다.

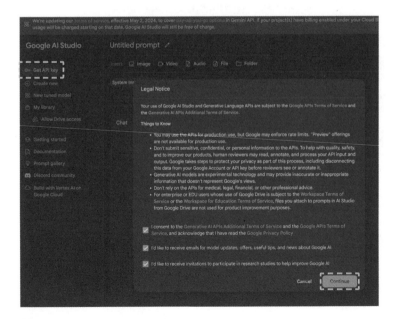

6. 좌측 상단 메뉴에서 "Get API Keys"를 클릭하고, 가운데 화면에서 "Create API Key"를 선택하여 API 키를 생성한다. 생성된 API 키는 코드에서 사용할 것이다.

   Create API Key를 선택하면, 다음 그림과 같이 새로운 프로젝트를 생성할 것인지 기존의 프로젝트를 사용할 것인지를 물어보는데, Gemini API는 구글 클라우드 제품의 일부로 구글 클라우드 계정 및 프로젝트가 필요하기 때문에, 프로젝트를 물어본다. 기존에 구글 클라우드 프로젝트가 있다면 기존 프로젝트를 선택하고 아니면, Create API Key in new project를 이용하여 새로운 프로젝트를 생성하고 API Key를 생성하자.

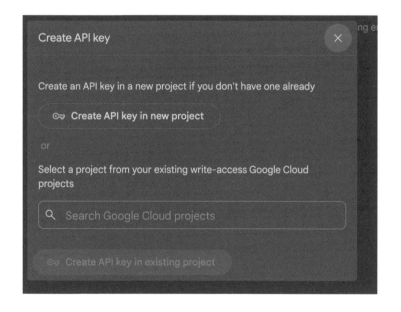

7. API가 생성되면 다음 그림과 같이 API 키를 받을 수 있다.

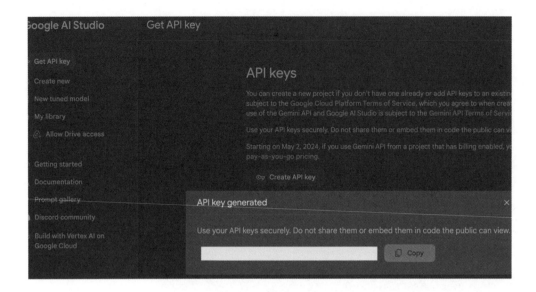

8. 다음 명령어를 사용하여 필요한 패키지를 설치한다. 예제는 langchain 0.1.16 버전을 사용하였기 때문에, 다음 패키지 버전을 변경하지 말고 설치하기 바란다.

```
!pip install -U langchain==0.1.16 langchain-google-genai==1.0.2
```

다음은 Google Gemini를 사용하는 코드 예제이다.

코드 예제

```python
from langchain_google_genai import ChatGoogleGenerativeAI
import os

# API 키 설정
os.environ['GOOGLE_API_KEY']='{YOUR_GOOGLE_API_KEY}'

# setup the gemini pro
gemini_llm = ChatGoogleGenerativeAI(model="gemini-1.0-pro",temperature=0.3)

result = gemini_llm.invoke("what is google gemini ai?")
print(result.content)
```

실행 결과는 다음과 같다.

Google Gemini is a conversational AI platform developed by Google. It is designed to enable businesses to create and deploy AI-powered chatbots and virtual assistants.

Key Features:

* **Natural Language Understanding (NLU):** Gemini uses advanced NLU models to understand user queries and extract relevant information.
* **Contextual Awareness:** It maintains context across multiple interactions, allowing for personalized and seamless conversations.
* **Knowledge Graph:** Gemini has access to a vast knowledge graph that provides it with information to answer user questions.
* **Multi-Modal Support:** It supports text, voice, and image inputs, enabling users to interact with chatbots in multiple ways.
* **Integration with Google Cloud:** Gemini integrates with other Google Cloud services, such as Dialogflow and Cloud Functions, for enhanced functionality.

Use Cases:

Gemini is used by businesses in various industries, including:

* **Customer Service:** Providing 24/7 support, answering FAQs, and resolving issues.
* **Sales and Marketing:** Generating leads, qualifying prospects, and providing product information.
* **Healthcare:** Offering medical advice, scheduling appointments, and providing health information.
* **Education:** Assisting students with homework, providing learning resources, and answering questions.
* **Finance:** Providing financial advice, checking account balances, and processing transactions.

《 중략 》

지금까지 랭체인을 이용해서 OpenAI ChatGPT 모델과 Google의 Gemini 모델을 호출해봤다. 랭체인에서는 LLM 객체가 생성된 이후에는 LLM 객체를 랭체인의 추상화된 LLM 모델로 사용하기 때문에 OpenAI나 Google에 상관없이 같은 API로 사용이 가능하다. 여기서는 'llm(question)'으로 간단한 질문을 하고 답변을 받아서 출력하는 방식을 사용했다.

랭체인은 여러 LLM 모델을 지원하는데, 주요 모델들만 살펴보면 OpenAI ChatGPT, Google PaLM, Hugging Face, MS Azure ChatGPT, AWS BedRock, Anthropic Claude 등을 지원한다. 주요 모델 프로바이더는 https://python.langchain.com/docs/integrations/providers를 참고하면 된다.

지원하는 LLM에 따라 랭체인의 기능이 일부만 제공되는 경우가 있는데, 예를 들어 스트리밍 기능 같은 경우에는 지원되지 않는 모델들이 많다. 기능 지원 여부는 LLM 컴포넌트에서 확인할 수 있다. 자세한 내용은 https://python.langchain.com/docs/integrations/llms/를 참고하자.

2.3 랭체인의 주요 구성요소

랭체인이 어떤 컴포넌트로 구성되어 있는지 살펴보자. 2023년 12월 현재 랭체인 라이브러리는 많은 업데이트가 있어서 이전 버전에 비교해 컴포넌트 구성이나 기능이 다소 변경되었다. 랭체인을 구성하는 주요 컴포넌트는 크게 다음 그림과 같이 Mode IO, Retrieval, Agent Tooling 3가지로 구분된다. 이는 LLM 애플리케이션의 복잡한 요구사항을 효율적으로 관리하기 위해서다.

- **Model IO**: LLM 모델의 입력과 출력을 관리하는 역할을 한다. 이 컴포넌트는 프롬프트 생성, 예제 선택, 출력 포맷팅 등을 담당하여 LLM의 성능을 최적화한다.

- **Retrieval**: 문서 데이터베이스에서 질문과 관련된 정보를 검색하는 역할을 한다. 이 컴포넌트는 LLM이 학습하지 못한 외부 데이터를 검색하여 응답의 정확성을 높인다.

- **Agent Tooling**: 외부 시스템과의 연동을 지원하는 역할을 한다. 이를 통해 LLM이 다양한 외부 도구를 사용하여 실시간 데이터 검색, 내부 데이터베이스 조회 등을 수행할 수 있다.

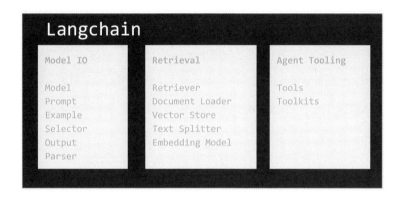

이 세 가지 컴포넌트는 상호 연계되어 LLM 애플리케이션이 더욱 풍부하고 정확한 응답을 생성할 수 있도록 한다.

예를 들어, 사용자 질문이 들어오면 에이전트가 적절한 툴을 선택하고, Retrieval 컴포넌트를 통해 관련 정보를 검색한 후, Model IO 컴포넌트를 통해 최적화된 프롬프트를 생성하여 LLM 모델에 전달하는 방식이다. 이러한 연계는 복잡한 워크플로우를 체계적으로 관리하고, 다양한 외부 데이터와 시스템을 통합하여 더욱 정확하고 유용한 응답을 제공할 수 있게 한다.

Mode IO는 LLM 애플리케이션의 기본적인 입력과 출력을 관리하는 핵심 부분으로, 다시 Model, Prompt, Chain, Memory 등과 같이 세부적으로 구분된다.

■ **모델(Model)**

Model 컴포넌트는 LLM 모델을 추상화하여 제공한다. 이 컴포넌트는 입력으로 받은 프롬프트에 대해 텍스트 답변을 리턴하는 기능을 한다.

랭체인은 다양한 LLM 모델을 지원한다. 지원되는 LLM 리스트는 다음 URL에서 확인할 수 있다.

https://python.langchain.com/docs/integrations/llms/

LLM에 따라 제공하는 옵션이 다른데, 예를 들어 OpenAI ChatGPT의 경우 temperature 설정이 가능하지만 Top-K, P는 설정이 불가능하다. 반면에 Google PaLM2 API의 클라우드 버전인 Vertex.AI 모델은 Temperature, output Token 등 다양한 옵션 지원이 가능하다. 각각 지원되는 옵션은 랭체인 문서를 참고하길 바란다.

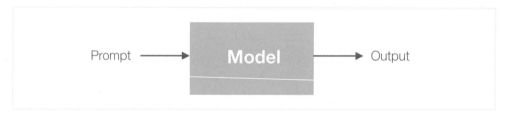

■ 랭체인에서 모델 컴포넌트의 개념

모델은 LLM뿐만 아니라 LLM 기반의 ChatModel도 지원한다. LLM이 하나의 문자열을 입력받아 하나의 문자열을 리턴하는 모델이라면, ChatModel은 여러 대화 문장을 입력받아 다음 대화 문장을 반환하는 형태의 채팅에 최적화된 모델이다. LLM 모델과 같이 ChatModel 역시 다양한 벤더에서 제공되며 오픈소스 모델도 있다. 랭체인에서 지원되는 ChatModel 목록은 다음 URL에서 확인할 수 있다.

https://python.langchain.com/docs/integrations/chat/

일반적인 텍스트 처리는 LLM 모델을 사용하고, 챗봇 같은 경우에는 ChatModel을 사용하여 LLM 애플리케이션을 개발하게 된다.

■ 프롬프트(Prompt)

프롬프트 컴포넌트는 LLM 입력으로 사용되는 텍스트의 생성, 조작, 출력 결과 텍스트의 포매팅 등을 지원한다. LLM 모델에 프롬프트를 입력하여 결과를 받는 과정을 보면, 유스케이스나 사용자에 따라 프롬프트 자체는 똑같지만, 일부 내용만 변경하여 같은 프롬프트를 사용하는 경우가 있다. 예를 들어 "서울에서 가장 유명한 관광지는?"과 "샌프란시스코에서 가장 유명한 관광지는?"처럼 도시 이름만 변경되는 경우이다. 이렇게 변경되는 부분만 변수 처리하고, 템플릿에 넣어서 프롬프트를 생성하는 컴포넌트를 프롬프트 템플릿(Prompt Template)이라고 한다.

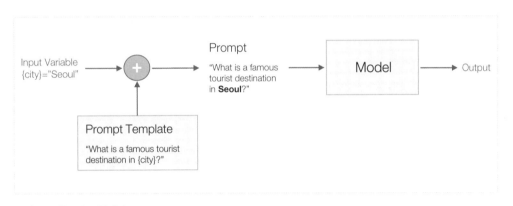

■ Prompt Template의 개념

출력 파서(Output Parser)는 LLM 모델에서 나온 출력을 요구사항에 따라서 JSON, XML 또는 Pandas DataFrame 등의 다양한 포맷으로 포매팅한다. 출력 파서는 LLM 모델에서 결과로 나온 값을 필요한 형식에 맞춰서 파싱하여 텍스트로 반환하는 역할을 한다.

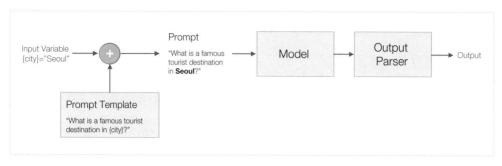

▒ 체인(Chain)

LLM으로 애플리케이션을 개발할 때, 하나의 프롬프트로 해결하기 어려운 경우가 있다. 예를 들어, 한글로 프롬프트를 만드는 것보다 영어로 프롬프트를 만들 때 정확도가 높다면 첫 번째 LLM 호출에서 한글을 영어로 번역하고, 두 번째 LLM 호출에서 영어 프롬프트를 실행하는 흐름이다.

단순하게 두 번 호출을 연결하는 모델을 예시로 들었지만, 실제 LLM 애플리케이션은 경우에 따라 훨씬 더 많은 단계를 필요로 할 수 있다. 다음 그림을 보자.

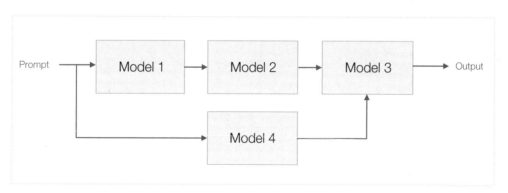

예를 들어 특정 토픽에 대한 트위터 메시지를 분류하는 시스템이 있다고 가정하자.

- **Model 1**: 트위터 메시지를 영어로 변경한다.
- **Model 2**: 영어로 번역된 메시지를 어떤 카테고리의 메시지인지 분류한다.
- **Model 3**: 원본 트위터 메시지의 언어가 어떤 언어인지를 판단한다(예: 한국어, 영어, 중국어).
- **Model 4**: 마지막으로 Model2와 Model3의 출력값을 조합하여 포맷팅하여 출력한다.

이처럼 다단계 흐름 제어가 가능하며, 더 나아가 텍스트 처리에 대한 "동기/비동기 호출 , 배치 처리, 여러 LLM에 대한 병렬 처리, 단계별로 다른 LLM 모델 사용(예를 들어 Model 1 은 Google PaLM Model, Model 4는 ChatGPT 3.5), 출력값에 대한 스트리밍 처리" 등이 가능하다. 체인은 고급 LLM 애플리케이션을 만들기 위해서 중요한 기능이므로 뒤에서 자세하게 다시 설명하도록 하겠다.

▪ 메모리(Memory)

특히 채팅 관련 애플리케이션 개발에 많이 사용되는 기능으로, 채팅 애플리케이션에서는 기존의 대화 내용을 컨텍스트로 프롬프트에 넣어야 기존의 대화 내용을 기반으로 LLM 이 답변할 수 있다. 이 메모리 컴포넌트는 채팅 내용을 저장하여 프롬프트에 삽입하게 된다.

개념적으로는 기존의 컨텍스트를 넘기는 기능이지만, LLM은 입력 토큰 크기에 제약이 있다. 따라서 기존 대화 내용을 요약해서 전체 길이를 줄여야 제약된 토큰 크기 내에 컨텍스트를 유지할 수 있다. 메모리 컴포넌트는 컨텍스트의 요약과 저장 등의 기능을 지원한다.

▪ 에이전트(Agent)

LLM은 모델 내에 이미 학습되어 있기 때문에, 모델이 학습된 한도 내에서 답변할 수 있다. 그러나 실제 애플리케이션에서는 기업 내 시스템의 데이터베이스에서 데이터를 가져와 이를 기반으로 분석하거나 답변을 제공해야 할 수도 있고, 구글 검색 엔진을 통해 인터넷 데이터를 검색하여 답변을 생성해야 할 수 있다. 이렇게 LLM이 외부 서비스와 연동할 수 있도록 해주는 컴포넌트를 툴(Tool)이라고 한다.

LLM 모델은 동시에 여러 개의 툴을 사용할 수 있는데, 이때 주어진 질문에 대해 어떤 툴을 사용할지 결정하는 것이 에이전트의 역할이다. 에이전트는 질문에 대한 적절한 툴을 찾기 위해서 여러가지 방법을 사용하는 데, 일반적으로 에이전트는 툴을 등록할 때 포함되는 툴에 대한 설명(Description)을 이용하여 LLM이 적절한 툴을 판단하도록 한다.

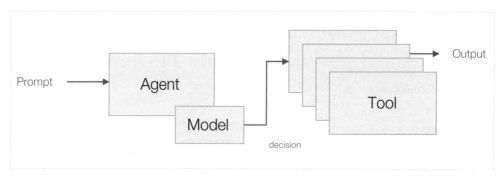

■ 에이전트와 툴의 개념 구조

■ **검색(Retrieval)**

마지막으로 검색(Retrieval)은 RAG(Retrieval Argument Generation) 아키텍처에서 사용되는 중요한 컴포넌트이다. 앞서 언급했듯이, LLM은 학습된 지식을 기반으로만 답변할 수 있다. 그러나 회사의 문서나 특정 서비스 메뉴얼과 같은 문서가 있을 때, 이를 Document Database에 저장한다. 질문에 필요한 정보가 있을 때는 이 Document Database를 검색하여 질문과 관련된 문장(또는 문단)을 검색한 후, 이 문장을 기반으로 LLM이 답변을 하게 하는 구조이다.

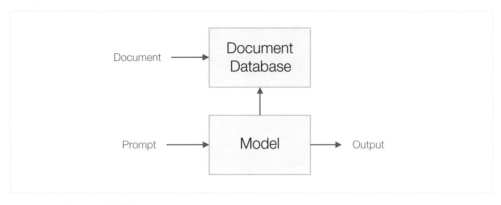

■ Document Retrieval의 개념

이를 위해서는 문서를 저장하고 검색 인덱스를 만드는 기능, 큰 문서를 여러 개의 조각으로 나눠서 인덱스를 만드는 기능 등 여러가지 추가 기능이 필요한데, 검색(Retrieval) 컴포넌트는 이런 기능들을 제공한다.

지금까지 랭체인을 구성하는 각 컴포넌트의 개념에 대해 간단하게 알아 보았다. 다음 장부터는 랭체인의 각 컴포넌트에 대한 구체적인 설명과 예제를 소개하도록 하겠다.

Hello LangChain

3장

LLM 모델

지금까지 우리는 LLM 애플리케이션의 아키텍처와 랭체인에 대한 전체적인 개념 및 주요 컴포넌트들에 대해 살펴보았다. 이번 장에서는 LLM 모델을 효율적으로 활용하는 방법과 이를 통해 비용을 관리하는 다양한 전략에 대해 집중적으로 다룬다. LLM 모델은 텍스트 뿐만 아니라 이미지 입력을 받아 텍스트를 출력하는 멀티모달 형태까지 확장되었으며, 모델의 사용 목적과 특성에 따라 서로 다른 종류가 존재한다.

랭체인은 이러한 다양한 LLM 모델을 쉽게 접근하고 활용할 수 있도록 추상화된 객체를 제공하여, 개발자가 복잡한 설정 없이 필요한 모델을 즉시 사용할 수 있도록 한다. 이번 장에서는 특히 ChatGPT와 Google의 PaLM API를 예로 들어, 각 모델의 특징과 비용 효율적인 사용 방법을 알아본다.

3.1 모델(Model)

랭체인에서 지원하는 주요 LLM 모델은 입력된 프롬프트의 명령에 따라 답변을 생성한다. ChatGPT, PaLM API와 같은 다양한 LLM 모델을 쉽게 사용할 수 있도록 랭체인에서는 추상화 객체를 제공한다.

■ **ChatGPT**

ChatGPT 모델만 하더라도 크게 ChatGPT 3.5와 4로 나뉘며, 각 버전별로도 다양한 모델이 존재한다.

- **ChatGPT 3.5:** 3.5 turbo, turbo-16k, turbo instruct 등
- **ChatGPT 4:** gpt-4, gpt-4-32k, gpt-4-vision 등

각 모델은 지원하는 토큰 수도 다르고, 모델의 학습 정도, 응답시간 그리고 가격 등이 다르기 때문에 용도와 예산에 맞는 모델을 선택하는 것이 매우 중요하다. 일반적으로 대부분의 태스크는 gpt-3.5-turbo 모델로 처리할 수 있지만, 긴 문장을 요구하거나 더 고급적인 지식을 요구할 때는 gpt-4 모델을 혼용해서 사용한다. gpt-3.5-turbo가 가격적인 면이나 응답 시간에서는 뛰어나지만 gpt-4는 더 높은 정확도를 제공한다.

ChatGPT에 대한 자세한 모델 소개는 https://platform.openai.com/docs/models를 참고하기 바란다.

■ **Google**

구글은 크게 지난 12월에 발표한 Gemini 모델과 PaLM2 모델을 제공한다.

- **Gemini:** 모델의 크기에 따라 Gemini Nano, Pro, Ultra로 분류된다. 2023년 12월 현재 Gemini Pro가 서비스 되고 있는데, Gemini Pro의 경우 텍스트 입력만 받는 Gemini Pro와 이미지, 텍스트를 입력받는

Gemini Pro Vision으로 분류된다.

- **PaLM2:** 모델의 크기에 따라 Bison, Geko 모델로 분류된다. Bison 모델은 일반적인 텍스트 입출력을 지원하는 Bison Text와 채팅에 특화된 Bison Chat 모델이 있다.

모델 컴포넌트는 랭체인에서 ChatGPT나 PaLM 모델과 같은 언어 모델에서 LLM 텍스트 모델을 추상화한 '객체'이다. 보통 LLM 모델들이 문장을 완성하는 LLM 기능(질문에 대한 답변, 문서 요약, 아이디어 제공 등)의 모델과, 사람과 상호작용하는 채팅 기능을 하는 두 가지 모델을 제공한다. 랭체인도 마찬가지로 이 두 가지 모델에 대한 추상화 계층을 제공하고 있다. 이번 장에서는 랭체인이 지원하는 LLM, 채팅 모델 중에서 LLM 모델에 대해 설명한다.

3.1.1 LLM Model 호출 방식

앞서 설명했듯 LLM은 입력된 프롬프트의 명령에 따라 답변을 생성하는 모델이다. 랭체인은 ChatGPT, PaLM API 등의 LLM 모델에 대한 추상화 객체를 제공하여 쉽게 사용할 수 있도록 한다. LLM 모델 객체를 생성하는 방법은 모델 제공자에 따라 다르며, 특히 모델 제공자에 따라서 지원하는 튜닝 가능한 파라미터도 다르다. 예를 들어 ChatGPT는 temperature 값을 설정할 수 있고, 구글의 PaLM Vertex AI는 temperature, Top-K/P 값을 추가로 설정할 수 있다.

랭체인에서 지원되는 LLM 모델에 대해서는 공식 문서를 볼 수 있는 다음 사이트에서 참고하기 바란다.

https://python.langchain.com/docs/integrations/llms/

LLM 객체를 생성한 후에 호출하는 방법은 여러 가지가 있는데, 먼저 간단하게 동기 방식으로 LLM에 질문을 하는 방법을 살펴보자. 동기 방식은 하나의 프롬프트에 대해 하나의 응답을 받는 방식이다. 다음과 같이 llm.invoke(prompt) 메서드를 사용하면 된다.

```
# Invoke

from langchain import PromptTemplate
from langchain.llms import OpenAI

llm = OpenAI(openai_api_key="{YOUR_API_KEY}")

prompt = "What is famous street foods in Seoul Korea in 200 characters?"
llm.invoke(prompt)
```

앞의 예제는 LLM을 호출할 때, 단순하게 하나의 프롬프트만 동기형으로 호출한 예제이다. 여러 개의 프롬프트를 동시에 호출하거나 비동기로 호출하는 등의 다양한 호출 패턴이 있을 수 있다. 랭체인은 이러한 다양한 호출 패턴을 지원한다(참고로 지원하는 LLM에 따라 지원되는 호출 패턴이 다를 수 있으니 공식 문서에서 지원 되는 호출 패턴을 미리 확인하기 바란다).

https://python.langchain.com/v0.1/docs/integrations/llms/

▪ 배치(Batch) 호출

배치(Batch) 호출은 여러 개의 질문이나 명령을 동시에 내려야 할 경우 유용하다. 여러 개의 프롬프트를 개별적으로 호출하는 대신, 파이썬 리스트에 프롬프트 목록을 저장한 후에 배치 호출을 이용하여, 한 번에 여러 질문을 호출할 수 있다.

코드 예제
```
# Batch 호출 예제
prompts = [
    "What is top 5 Korean Street food?",
```

```
      "What is most famous place in Seoul?",
      "What is the popular K-Pop group?"
  ]
  responses = llm.batch(prompts)

  print(responses)
```

앞의 예제에서는 llm.batch(prompts) 메서드로 세 개의 질문을 동시에 호출한다. 각 프롬 프트는 리스트 형태로 저장되어 있으며, 'batch' 메서드로 한 번에 처리된다. 배치 호출의 결과는 다음과 같다.

```
[
'₩n₩n1. Tteokbokki (Spicy Rice Cakes)₩n2. Odeng (Fish Cake Skewers)₩n3. Sundae (Korean Blood Sausage)₩n4. Gimbap (Korean Sushi Roll)₩n5. Hoppang (Steamed Rice Cakes)',
 '₩n₩nOne of the most famous places in Seoul is Gyeongbokgung Palace, the main royal palace of the Joseon Dynasty. It is considered one of the most iconic landmarks in the city and is a popular tourist destination.',
 '₩n₩nThe most popular K-Pop group is BTS (Bangtan Boys). Other popular K-Pop groups include EXO, Blackpink, Twice, Red Velvet, and NCT.'
]
```

■ 스트리밍(Streaming) 호출

스트리밍 호출은 모델의 크기가 크거나 프롬프트가 길 때는 응답 시간이 느려질 수 있다. 그래서 이 응답을 모두 기다렸다가 결과를 출력하는데 시간이 많이 소요될 수 있다. 이런 문제를 해결 하기 위해서 랭체인은 스트리밍 패턴을 지원한다. 응답을 기다렸다가 출력하 는 대신, 응답이 생성되는 대로 실시간으로 스트리밍하여 리턴한다. 주로 챗봇과 같이 실 시간 응답이 필요한 애플리케이션에서 자주 사용된다.

다음은 스트리밍 호출 예제이다. 'invoke( )' 대신, 'stream( )'을 사용하면, 결과를 리턴하는 것을 확인할 수 있다.

코드 예제

```
prompt = "What is famous street foods in Seoul Korea in 200 characters"
for chunk in llm.stream(prompt):
    print(chunk, end="", flush=True)
```

예제를 실행해 보면 애니메이션처럼 문장이 순차적으로 출력되는 것을 확인할 수 있다. 이 방식은 대화형 애플리케이션에서 유용하며 자연스러운 인터랙션을 제공하여 사용자 경험을 크게 향상시킬 수 있다.

▪ 비동기 호출

앞서 설명한 'invoke', 'batch', 'streaming' 호출 방식은 동기 방식 외에도 비동기 방식으로도 호출할 수 있다. 비동기 호출은 여러 요청을 동시에 병렬로 처리하여 응답 속도를 높일 수 있다.

다음은 같은 프롬프트를 'ainvoke'를 이용해서 비동기로 10번 호출하고, invoke를 동기로 10번 호출하여 호출 시간을 비교한 예제 코드이다(참고로 다음 코드는 Jupyter 노트북에서 작성하여 실행).

코드 예제

```
import asyncio
import time

from langchain.llms import OpenAI

llm = OpenAI(openai_api_key="{YOUR_API_KEY}")
prompt = "What is famous Korean food? Explain in 50 characters"
```

```python
# 비동기 호출
async def invoke_async(llm):
    result = await llm.ainvoke(prompt)
    print(result)

async def invoke_parallel( ):
    tasks = [invoke_async(llm) for _ in range(10)]
    await asyncio.gather(*tasks)

start_time = time.perf_counter( )
await invoke_parallel( )
end_time = time.perf_counter( )
print("Async execution time:" , (end_time-start_time))

# 동기 호출
start_time = time.perf_counter( )
for i in range(10):
    result = llm.invoke(prompt)
    print(result)
end_time = time.perf_counter( )
print("Sync execution time:" ,(end_time-start_time))
```

비동기 API를 사용한 경우 동시에 병렬로 호출이 되기 때문에, 호출 속도가 동기 호출에 비해 빠릅니다. 예를 들어 앞선 예제의 다음과 같은 호출 결과를 보면 비동기 호출은 1.9 초로 5.8초가 걸린 동기 호출보다 빠른 것을 확인할 수 있다.

비동기 호출 결과

Kimchi, a fermented vegetable dish, is a famous Korean food.

Kimchi, a spicy fermented cabbage dish, is a famous Korean food.

Kimchi, a spicy fermented cabbage dish, is a popular Korean food.

Kimchi, a spicy fermented cabbage dish, is a famous Korean food.

Kimchi, a fermented cabbage dish, is the most famous Korean food.

Kimchi - a spicy, fermented cabbage dish that's a staple of Korean cuisine.

Kimchi, a spicy fermented vegetable dish, is the most famous Korean food.

Kimchi, a fermented cabbage dish, is one of the most famous Korean foods.

Korean BBQ, kimchi, bibimbap, and japchae are all famous Korean dishes.

Kimchi, a spicy fermented cabbage dish, is the most famous Korean food.

Async execution time: 1.911825390998274

동기 호출 결과

Kimchi, a spicy fermented cabbage dish, is the most famous Korean food.

Korean BBQ, Kimchi, Bibimbap, and Japchae are popular Korean dishes.

Kimchi, a spicy fermented cabbage dish, is one of the most famous Korean foods.

Kimchi, a spicy fermented cabbage dish, is a famous Korean food.

Kimchi, a fermented cabbage dish, is a famous Korean food.

Kimchi, a spicy fermented cabbage dish, is a famous Korean food.

Kimchi, bulgogi, bibimbap, and samgyeopsal are some of the most popular Korean dishes.

Kimchi, a spicy fermented cabbage dish, is a famous Korean food.

Kimchi, a fermented vegetable dish, is one of the most famous Korean foods.

Kimchi, a spicy fermented cabbage dish, is the most famous Korean food.

Sync execution time 5.830645257010474

대부분 동기와 비동기 호출의 개념에 대해서는 알고 있겠지만, 정리하는 의미해서 설명하자면 동기 호출은 API를 호출했을 때 응답을 받아야 다음 코드로 진입을 할 수 있는 호출 방식이다. 즉 10개의 API를 호출 하였으면, 각 API에 대한 응답을 모두 받아야 다음 호출을 할 수 있다. 반면 비동기 호출은 응답을 기다리지 않고 호출을 한다. 10개의 API를 호출하면서 응답을 기다리지 않고 바로 다음 코드로 진행한다. 응답이 올 때까지 대기하기 위해서 앞의 코드에서는 'await' 를 사용했다.

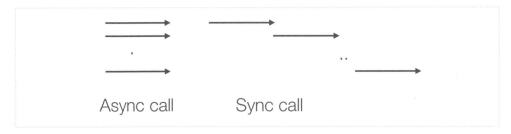

Async call   Sync call

■ 동기/비동기 호출을 통한 LLM 모델 호출 개념

그림으로 표현해보면 비동기 호출은 동시에 10개의 API를 호출하는 왼쪽 그림이고, 동기 호출은 API를 각각 하나씩 호출하고 응답을 받는 형태의 패턴이다.

3.1.2 Chat Model

텍스트 LLM 모델이 단일 입력에 대한 단일 출력을 지원하는 모델이라면, Chat 모델은 기존의 대화 히스토리를 기반으로 해서 질문에 대한 답을 출력하는 시나리오이다. 이를 위해 랭체인은 3가지 메시지 타입을 지원하는데 SystemMessage, HumanMessage, AIMessage가 있다.

- **SystemMessage:** 챗봇에게 개발자가 명령을 내리기 위해 사용하는 메시지이다. 예를 들어 챗봇이 "여행 가이드 역할을 하며, 여행에 관련되지 않은 질문은 답변하지 말아라"라는 등의 역할에 대한 명령이나 대화에 대한 가이드라인이나 제약 사항을 설정할 수 있다.

- **HumanMessage:** 챗봇 사용자가 챗봇에게 질의하는 대화이다. 예를 들어 여행 가이드 챗봇에게 "서울에서 가장 인기 있는 관광지 5개를 추천해줘"와 같은 대화가 될 수 있다.

- **AIMessage:** 챗봇이 답변한 대화 내용이다.

코드 예제

```
from langchain.chat_models import ChatOpenAI
from langchain.schema.messages import HumanMessage, SystemMessage, AIMessage
```

```
chat = ChatOpenAI(openai_api_key="{YOUR_API_KEY}")

messages = [
    SystemMessage(content="You are the travel agent. You can provide travel itinery to
                                                              the user"),
    HumanMessage(content="Where is the top 3 popular space for tourist in Seoul?"),
]

aiMessage=chat.invoke(messages)
print(aiMessage.content)
```

먼저 'ChatOpenAI' 객체로 ChatGPT 모델을 이용하여 채팅을 지원한 모델을 생성한다. 앞에서도 언급했지만, 모델 제공자에 따라 다양한 모델이 지원되며 특정 모델 제공자는 채팅 전용 모델을 지원하기도 한다. 예를 들어 구글 PaLM2 모델은 채팅 전용 모델로 Bison-Chat 모델을 별도로 제공한다. 따라서 반드시 모델 사용 전에 적절한 모델을 확인하고 선택하기 바란다.

앞의 예제에서 'messages' 리스트를 보면 처음 'SystemMessage'로, 이 챗봇이 여행 에이전트라는 역할을 정의했다. 다음에 'HumanMessage'를 통해 서울에서 가장 인기 있는 장소 3곳에 대한 추천을 요청했다. 이후에 chat.invoke를 통해 모델을 호출했다.

그러면 다음 대화를 호출하기 위해서는 어떻게 해야 할까? 다음 코드를 추가해보자.

코드 예제

```
# Append AIMessages into Chat History
messages.append(aiMessage)
print("-"*30)

# Add new conversation
messages.append(HumanMessage(content="Which transport can I use to visit the
                                                              places?"))
```

```
aiMessage=chat.invoke(messages)
print(aiMessage.content)
print("-"*30)

# Add new conversation
messages.append(HumanMessage(content="Where is the good restaurant for family near
                                       the placee?"))
aiMessage=chat.invoke(messages)
print(aiMessage.content)
```

앞의 코드를 보면 message.append(aiMessage)를 이용하여 챗봇의 답변을 messages 리스트
에 저장했고, 다음 질문도 messages.append를 이용하여 리스트에 추가한 후에 모델을 호
출했다. 즉, 모델을 호출할 때 현재의 대화 문장만으로 호출하는 것이 아니라, 기존의 대
화 내용을 모두 포함해서 다시 호출을 하는 구조이다.

다음 그림과 같이 처음에는 messages에 SystemMessage와 HumanMessage만 있었지만,
HumanMessage에 대한 결과를 messages에 저장한 후, 이를 Conversation History로 사
용하여 챗봇이 지금까지 사용자와 어떤 대화를 했는지에 대한 컨텍스트를 유지할 수 있
도록 한다.

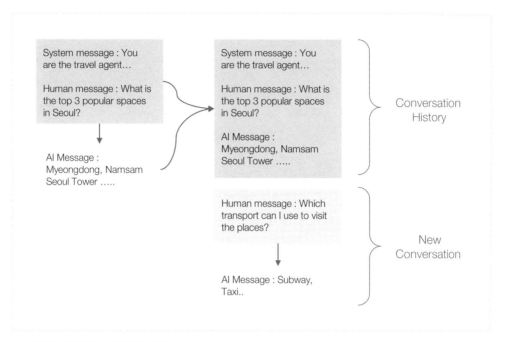

■ 채팅에서 메세지를 계속 더해가는 과정

이렇게 직접 리스트 자료구조를 사용해도 되지만, 랭체인에서는 대화 기록을 좀 더 쉽게 유지할 수 있도록 'ChatMessageHistory'라는 클래스를 제공한다. 다음은 'ChatMessage-History'를 이용하여 작성한 코드이다.

코드 예제

```
#ChatMessageHistory는 체인 외부에서 직접 메모리를 관리하는 경우에 사용됩니다.
from langchain.memory import ChatMessageHistory

history = ChatMessageHistory( )
history.add_user_message("Where is the top 3 popular space for tourist in Seoul?")
aiMessage = chat.invoke(history.messages)
history.add_ai_message(aiMessage.content)
print(aiMessage.content)
print("-"*20)
```

```
history.add_user_message("Which transport can I use to visit the places?")
aiMessage = chat.invoke(history.messages)
history.add_ai_message(aiMessage.content)
print(aiMessage.content)
```

이런 식으로, 메시지의 히스토리를 저장할 수 있지만, LLM 모델에서 입력으로 받아들일 수 있는 문장의 길이에는 제약이 있다. 예를 들어 chatgpt-3.5-turbo의 경우 최대 4K 토큰만 지원하기 때문에, 지난 대화의 길이가 4K를 넘어서면 지난 대화 내용을 잃어버릴 수 있다. 이를 위해서 지난 대화 내용을 요약하는 등의 기법을 사용할 수 있는데, 이는 나중에 메모리 부분에서 다시 설명하도록 한다.

3.2 모델 호출의 비용 컨트롤

LLM 개발은 단순한 API 서버 개발과 다르게, 외부의 LLM API 서비스를 호출하는 형태이다. 이 API는 토큰(단어) 단위로 비용을 계산하기 때문에, 개발과 서비스 과정에서 비용이 발생한다. 그래서, 개발과 운영 과정에서 발생하는 API 호출 비용을 모니터링하고 비용을 관리해야 하는 필요성이 있다.

Model	Input	Output
gpt-3.5-turbo-1106	$0.0010 / 1K tokens	$0.0020 / 1K tokens
gpt-3.5-turbo-instruct	$0.0015 / 1K tokens	$0.0020 / 1K tokens

■ ChatGPT 3.5 Turbo 가격 *출처: https://openai.com/pricing

Model	Type	Region	Price per 1,000 characters
PaLM 2 for Text (Text Bison)	Input	Global	• Online requests: $0.00025 • Batch requests: $0.00020
	Output	Global	• Online requests: $0.0005 • Batch requests: $0.0004
	Supervised Tuning	us-central1 europe-west4	$ per node hour Vertex AI custom training pricing
	Reinforcement Learning from Human Feedback	us-central1 europe-west4	$ per node hour Vertex AI custom training pricing

■ Google Cloud PaLM 2 / Bison 모델 가격 *출처: https://cloud.google.com/vertex-ai/pricing#generative_ai_models

가격 체계는 모델 서비스 회사의 홈페이지에서 확인이 가능한데, 앞의 그림과 같이 모델의 종류나 버전 그리고 Input/Output 토큰인지, 서빙 형태가 온라인인지 배치인지 등에 따라서 다를 수 있다. 개발하려는 시나리오에 맞춰 가격을 예측하고 관리하는 것이 좋다.

3.2.1 비용 모니터링 및 컨트롤

API의 사용량을 확인하려면 보통 콘솔을 사용하면 된다. OpenAI의 ChatGPT의 경우 https://platform.openai.com/usage에서 API 호출 수, 토큰 사용량, 가격 등을 모니터링할 수 있다. 다음은 그림은 모델의 API 호출 건수와 호출 토큰 수를 모니터링하는 화면이다.

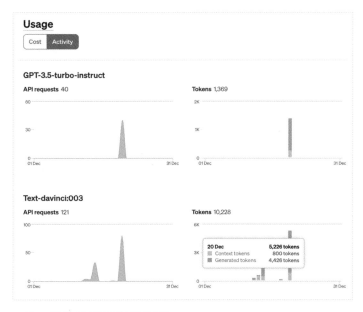

■ OpenAI ChatGPT API 및 토큰 사용량

다음은 사용량을 기반으로 한 일별 사용 금액을 모니터링하는 화면이다.

■ OpenAI ChatGPT API 및 토큰 사용 비용

API 호출에는 비용이 들어가는데, 개발을 하면서 비용 모니터링을 신경 쓰지 않으면 대규모로 호출되면서 모르는 사이에 비용이 과다 청구될 수 있다. 그래서 대부분의 서비스들은 사용량에 대한 제한을 줄 수 있도록 하고 있다.

다음 그림은 OpenAI ChatGPT에 대한 사용량 제한 기능으로, "Set Monthly budget"을 통해서 한 달에 $11 이상을 사용할 수 없도록 설정하였고, 만약 $10 이상을 사용할 경우 이메일로 알리도록 하였다.

Usage limits

Manage your API spend by configuring monthly spend limits. Notification emails will be sent to members of your organization with the "Owner" role. Note that there may be a delay in enforcing limits, and you are still responsible for any overage incurred.

Usage limit

The maximum usage OpenAI allows for your organization each month. View current usage

$120.00

Set a monthly budget
If your organization exceeds this budget in a given calendar month (UTC), subsequent API requests will be rejected.

$11.00

Set an email notification threshold
If your organization exceeds this threshold in a given calendar month (UTC), an email notification will be sent.

$10.00

Save

■ ChatGPT에서 사용 금액 한도 지정

어렵지 않지만 요금 폭탄을 방지할 수 있는 수단이니 반드시 적용하기를 권장한다.

3.2.2 토큰 사용량 추적

이렇게 모니터링을 하더라도, 내가 개발 중인 LLM 애플리케이션에서 호출하는 LLM API의 토큰 수가 궁금할 수 있다. 그래서 랭체인에서는 LLM 제공자가 제공하는 콜백 함수를 통해 LLM 호출 건별 토큰 수를 카운트 할 수 있다. 다음은 OpenAI에서 제공하는 콜백 함수를 이용하여 토큰 수를 출력하는 코드이다.

```python
from langchain.llms import OpenAI
from langchain.callbacks import get_openai_callback

llm = OpenAI(openai_api_key="{YOUR_API_KEY}")

with get_openai_callback() as callback:
    prompt = "What is famous street foods in Seoul Korea in 200 characters"
    llm.invoke(prompt)
    print(callback)
    print("Total Tokens:",callback.total_tokens)
```

with get_openai_callback( ) as callback: 코드 블록 내에 LLM 호출 코드를 작성하게 되면, LLM을 호출한 후에 callback 호출에 대한 메타 정보를 담아서 리턴한다. 이 정보에는 아래 출력되는 내용과 같이 input/output 토큰 수, 그리고 호출 금액이 포함된다.

실행 결과

```
Tokens Used: 134
        Prompt Tokens: 11
        Completion Tokens: 123
Successful Requests: 1
Total Cost (USD): $0.00268
Total Tokens: 134
```

뒤에서 소개하겠지만 Invoke 이외에도 LLM을 호출하는 방법은 여러 가지가 있다. 뒤에서 설명할 체인(Chain)이나 에이전트(Agent)를 사용하더라도, 앞의 callback 블록을 그대로 사용할 수 있다.

3.3 캐싱(Caching)

LLM 애플리케이션을 개발하다보면 개발이나 테스트 단계에서 동일한 프롬프트로 반복해서 호출해야 하는 경우가 생긴다. 코딩을 하다가 에러가 나거나, 테스트 결과를 보거나 할 때 동일 프롬프트로 동일 모델을 계속 호출하는데, 결괏값은 거의 비슷하기 때문에 같은 질문을 반복해서 호출하는 것은 비용 낭비가 된다. 같은 프롬프트에 대해서는 결괏값을 캐싱해놓고 개발에 사용해도 큰 문제가 없다.

랭체인에서는 동일(또는 유사) 프롬프트에 대해 결과를 캐싱하여 API 호출을 줄일 수 있는 기능을 제공한다.

3.3.1 메모리 캐싱

캐싱을 저장하는 장소에 따라서 여러 가지 캐싱 모델을 지원하는데, 가장 간단한 캐싱 모델은 로컬 시스템의 메모리를 사용하는 방식이다. 아래 예제는 "What is famous street foods in Seoul Korea in 200 characters"라는 프롬프트에 대해 로컬 메모리에 캐싱하는 코드이다. 캐싱이 제대로 되었는지를 확인하기 위해서 앞에서 배웠던 호출되는 토큰의 수를 카운트하는 콜백을 사용했다.

```python
# Memory cache example
from langchain.llms import OpenAI
from langchain.callbacks import get_openai_callback
from langchain.globals import set_llm_cache
from langchain.cache import InMemoryCache

# InMemoryCache를 사용하도록 설정
```

```
set_llm_cache(InMemoryCache( ))

# OpenAI 객체 생성
llm = OpenAI(openai_api_key="{YOUR_API_KEY}")
prompt = "What is famous street foods in Seoul Korea in 200 characters"

# 첫 번째 호출 - API 호출
with get_openai_callback( ) as callback:
    response = llm.invoke(prompt)
    print(response)
    print("Total Tokens:",callback.total_tokens)

# 두 번째 호출 - 캐시 사용
with get_openai_callback( ) as callback:
    llm.invoke(prompt)
    response = llm.invoke(prompt)
    print(response)
    print("Total Tokens:",callback.total_tokens)
```

아래 호출 결과를 보면, 첫 번째 호출은 API를 호출하였기 때문에, 토큰이 126개의 토큰을 사용한 것을 확인할 수 있다. 그러나 두 번째 호출은 캐싱이 되었기 때문에, 결과가 첫 번째 호출과 정확하게 같고, 사용된 토큰의 수가 0개 인것을 확인할 수 있다.

실행 결과

첫 번째 호출 - API 호출

1. Tteokbokki (spicy rice cakes)
2. Japchae (stir-fried glass noodles)
3. Kimbap (rice and vegetable rolls)
4. Hotteok (sweet filled pancake)
5. Odeng (fish cake on a stick)
6. Sundae (Korean blood sausage)
7. Twigim (deep-fried snacks)

8. Mandu (dumplings)

9. Eomuk (fish cake soup)

10. Gamjatang (spicy pork bone soup)

Total Tokens: 126

두 번째 호출 - 캐시 사용

1. Tteokbokki (spicy rice cakes)

2. Japchae (stir-fried glass noodles)

…(생략)

9. Eomuk (fish cake soup)

10. Gamjatang (spicy pork bone soup)

Total Tokens: 0

3.3.2 캐시 없이 호출하기(No Cache)

앞서 설명한 예제는 하나의 LLM 모델을 이용하여 호출을 각각 한 번씩 호출하는 시나리오였다. 하지만, 하나의 애플리케이션에서 LLM을 여러 단계에 걸쳐 호출하고, 경우에 따라서 특정 단계에서는 캐싱을 원하지 않을 수 있다.

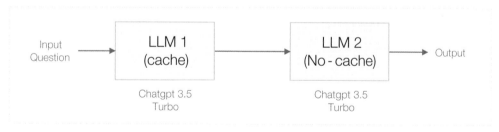

■ 여러 LLM을 캐쉬를 이용하여 호출하는 방법

예를 들어 앞의 그림은 ChatGPT 3.5 turbo 모델을 두 번 순차적으로 호출하는 구조인데, 첫 번째 모델 호출은 캐싱을 사용하고 두 번째 모델은 캐싱을 사용하지 않은 경우이다.

다음 예제를 보자.

```python
# Memory cache example
from langchain.llms import OpenAI
from langchain.callbacks import get_openai_callback
from langchain.globals import set_llm_cache
from langchain.cache import InMemoryCache
from langchain.globals import set_debug

set_debug(False)

set_llm_cache(InMemoryCache( ))

# LLM 객체 생성 (캐시 사용)
llm1 = OpenAI(openai_api_key="{YOUR_API_KEY}")

# LLM 객체 생성 (캐시 사용 안함)
llm2 = OpenAI(openai_api_key="{YOUR_API_KEY}",cache=False)
prompt = "Please tell me about the famous street foods in Seoul Korea in 50
characters"

with get_openai_callback( ) as callback:
    response = llm1.invoke(prompt)
    print(response)
    print("Total Tokens:",callback.total_tokens)

with get_openai_callback( ) as callback:
    llm.invoke(prompt)
    response = llm2.invoke(prompt)
    print(response)
    print("Total Tokens:",callback.total_tokens)
```

앞의 코드는 캐싱을 사용한 코드와 거의 유사하지만, 'llm2'는 생성시 에 'llm2 = Open AI(openai_api_key="{YOUR_API_KEY}",cache=False)'와 같이 'cache=False'를 지정하여 명시적으로 캐시를 사용하지 않도록 하였다.

따라서 결과는 다음과 같이 두 번 모두 토큰 수가 0 이상으로 캐싱을 사용하지 않은 것을 확인할 수 있다.

실행 결과

첫 번째 호출 결과 (캐시 사용)

Bulgogi, Kimbap, Tteokbokki, Mandu, Hotteok, Odeng, Dakkochi, Twigim, Sundae, Gimbap, Pajeon, Gyeranppang, Beondegi, Bibimbap, Jokbal, Japchae.
Total Tokens: 84

두 번째 호출 결과 (캐시 사용 안함)

Tteokbokki, kimbap, hotteok, mandu, odeng, sundae, samgyeopsal, bingsu, gimbap, jjajangmyeon, kimchi, bibimbap, ddeokbokki, bulgogi.
Total Tokens: 78

캐시는 동일한 프롬프트에 대한 반복 호출을 줄여 비용을 절감하고 응답 속도를 향상시키는 데 유용하다. 그러나 최신 데이터가 필요할 때는 캐시를 우회하여 직접 API를 호출할 수 있다. 또한, 결과를 병합하고 중복을 제거함으로써 효율적으로 데이터를 관리할 수 있다. 이러한 전략을 통해 LLM 애플리케이션의 효율성을 극대화한다.

3.3.3 외부 캐싱

앞의 예제에서는 로컬 메모리를 사용하여 캐시를 구현했기 때문에, 캐시에 저장되는 내용이 휘발성이다. 즉 애플리케이션을 테스트하다가 재시동 하면 캐시의 내용이 삭제된다. 또한 여럿이 동시에 개발할 때 캐시를 공유할 수 있다면 캐시의 히트율을 높여서 비용을 절약할 수 있다.

랜체인은 외부의 데이터베이스를 캐시 저장소로 사용할 수 있다. 로컬에서 작동하는 SqlLite부터 Redis와 같은 메모리 스토어, Cassandra와 같은 NoSQL 데이터베이스를 지원한다. 지원되는 데이터베이스와 개발 가이드는 다음의 랜체인 문서를 참고하기 바란다.

https://python.langchain.com/docs/integrations/llms/llm_caching

여기서는 캐시로 가장 널리 사용되는 Redis를 캐시로 사용하는 방법을 살펴본다. 테스트를 위한 redis 인스턴스는 Redis.com에서 제공하는 무료 Redis 인스턴스 를 사용하였다 (30M 인스턴스까지는 무료로 사용이 가능하다).

코드 예제

```python
# Redis cache example
from langchain.llms import OpenAI
from langchain.callbacks import get_openai_callback
from langchain.globals import set_llm_cache
from langchain.cache import RedisCache
from redis import Redis

# Redis 캐시 설정
set_llm_cache(RedisCache(redis_=Redis(host='{YOUR_REDIS_INTANCE_ADDRESS}',
  port={YOUR_REDIS_INSTANCE_PORT},
  password='{YOUR_REDIS_INSTANCE_PASSWORD}')))


llm = OpenAI(openai_api_key="{YOUR_API_KEY}")
prompt = "What is famous street foods in Seoul Korea in 200 characters"

# 첫 번째 호출(캐시 사용)
with get_openai_callback( ) as callback:
    response = llm.invoke(prompt)
    print(response)
    print("Total Tokens:",callback.total_tokens)
```

```
# 두 번째 호출(캐시 사용)
with get_openai_callback( ) as callback:
    llm.invoke(prompt)
    response = llm.invoke(prompt)
    print(response)
    print("Total Tokens:",callback.total_tokens)
```

결과를 보면 다음과 같이 첫 번째 호출은 실제로 ChatGPT API를 호출하여 243개의 토큰을 사용했다. 두 번째 호출은 캐시된 내용을 활용하여 토큰 사용량이 0으로 된 것을 확인할 수 있다. 이는 Redis를 이용한 외부 캐시가 제대로 동작했음을 의미한다.

실행 결과

첫 번째 호출(캐시 사용)

1. Tteokbokki (spicy rice cakes)
2. Kimbap (seaweed rice rolls)
3. Mandu (dumplings)
4. Hotteok (sweet pancakes)
5. Gyeran-ppang (egg bread)
6. Japchae (stir-fried glass noodles)
7. Twigim (fried snacks)
8. Gimbap (seaweed rice rolls)
9. Odeng (fish cake skewers)
10. Eomuk (fish cake soup)
11. Sundae (blood sausage)
12. Jokbal (pig's feet)
13. Dakkochi (grilled chicken skewers)
14. Soondae (Korean blood sausage)
15. Bungeoppang (fish-shaped waffles)
16. Kimchi-bokkeumbap (kimchi fried rice)
17. Eomukguk (fish cake soup)
18. Ddeokbokki (spicy rice cakes)

19. Gamjatang (spicy pork bone soup)

20. Gopchang (grilled beef intestines)

Total Tokens: 243

두 번째 호출(캐시 사용)

1. Tteokbokki (spicy rice cakes)

2. Kimbap (seaweed rice rolls)

3. Mandu (dumplings)

…(생략)

18. Ddeokbokki (spicy rice cakes)

19. Gamjatang (spicy pork bone soup)

20. Gopchang (grilled beef intestines)

Total Tokens: 0

3.3.4 시맨틱 캐싱(Semantic Caching)

LLM에 대한 프롬프트 캐싱을 할 때 고려해야 하는 문제는 우리가 사용하는 프롬프트는 자연어라는 사실이다. 즉 같은 의미를 갖는 질문이라도 문자열 관점에서 봤을 때는 다른 프롬프트로 인식될 수 있다. 예를 들어 "서울에서 유명한 음식 5가지?"와 "서울에서 맛볼 수 있는 유명한 음식 5가지?"는 문맥상으로는 같은 의미지만, 문자열이 다르기 때문에 캐시가 히트되지 않는다.

다음 예제를 보자. "서울에서 유명한 음식 10가지"와 "서울에서 유명한 음식 5가지"를 질의하는 예제이다.

코드 예제

```
# Redis cache example (Semantic cache test / without semantic cache)
from langchain.llms import OpenAI
from langchain.callbacks import get_openai_callback
from langchain.globals import set_llm_cache
from langchain.cache import RedisCache
```

```
from redis import Redis

set_llm_cache(RedisCache(redis_=Redis(host='{YOUR_REDIS_INTANCE_ADDRESS}',
 port={YOUR_REDIS_INSTANCE_PORT},
 password='{YOUR_REDIS_INSTANCE_PASSWORD}')))

llm = OpenAI(openai_api_key="{YOUR_API_KEY}")
prompt1 = "What is top 10 famous street foods in Seoul Korea in 200 characters"
prompt2 = "What is top 5 famous street foods in Seoul Korea in 200 characters"

with get_openai_callback() as callback:
    response = llm.invoke(prompt1)
    print(response)
    print("Total Tokens:",callback.total_tokens)

with get_openai_callback() as callback:
    llm.invoke(prompt)
    response = llm.invoke(prompt2)
    print(response)
    print("Total Tokens:",callback.total_tokens)
```

결과는 다음과 같다. 당연히 프롬프트의 문자열이 다르기 때문에, 두 번째 호출은 캐시를 사용하지 않는다.

실행 결과

첫 번째 호출 결과

1. Tteokbokki (spicy rice cakes)
2. Kimbap (rice and vegetable rolls)
3. Jokbal (braised pig's feet)
4. Hotteok (sweet pancakes)
5. Gimbap (fried seaweed rolls)
6. Sundae (blood sausage)

7. Odeng (fish cake skewers)

8. Mandu (dumplings)

9. Pajeon (scallion pancakes)

10. Eomuk (fish cake soup)

Total Tokens: 121

1. Tteokbokki – spicy rice cakes in a savory sauce

2. Kimbap – seaweed rice rolls with various fillings

3. Japchae – stir-fried glass noodles with vegetables and meat

4. Hotteok – sweet pancakes filled with brown sugar and nuts

5. Gimbap – seaweed rice rolls with a variety of ingredients such as bulgogi or vegetables.

Total Tokens: 103

시맨틱 캐시(Semantic Cache)는 유사한 질문에 대해 캐시를 사용하기 위한 기능이다. 프롬프트 문자열을 벡터로 임베딩한 후, 문장의 유사도를 기반으로 유사한 문장의 경우 캐시된 데이터를 활용하는 방식이다. 임베딩과 임베딩된 문장에 대한 검색에 대해서는 차후에 설명한 RAG 파트를 참고하기 바란다. 여기서는 내용이 유사한 프롬프트를 캐시키로 검색한다는 개념 정도만 이해하면 된다.

다음 코드는 Redis에서 시맨틱 캐시를 사용하는 방법이다. 주의할 사항은 ChatGPT Open API 키를 환경 변수 'OPEN_API_KEY'에 넣어야 한다. 이유는 Redis의 Sementaic-Cache가 프롬프트를 Redis에 저장하기 위해 프롬프트 문자열을 임베딩해야 하는데, 이때 OpenAI Embedding API를 사용하기 때문이다.

Redis Semantic Cache를 사용하는 방법은 간단하다. 앞의 예제에서 RedisCache 클래스를 다음과 같이 RedisSematicCache 클래스로 변경하고, 임베딩 API를 추가해주면 된다.

```
RedisSemanticCache(redis_url="redis://default:{YOUR_REDIS_PASSWORD}@{YOUR_REDIS_
INSTANCE_ADDRESS}:{YOUR_REDIS_INSTNACE_PORT}", embedding=OpenAIEmbeddings( ))
)
```

전체 예제 코드는 다음과 같다.

코드 예제

```python
# Redis Semantic cache example
from langchain.llms import OpenAI
from langchain.callbacks import get_openai_callback
from langchain.globals import set_llm_cache
from redis import Redis
from langchain.cache import RedisSemanticCache
from langchain.embeddings import OpenAIEmbeddings
import os

# OpenAI API 키를 환경 변수에 설정
os.environ["OPENAI_API_KEY"] = "{YOUR_API}KEY}"

llm = OpenAI( )

# 시맨틱 캐시 설정
set_llm_cache(
    RedisSemanticCache(redis_url="redis://default:{YOUR_REDIS_PASSWORD}@{YOUR_REDIS_
INSTANCE_ADDRESS}:{YOUR_REDIS_INSTNACE_PORT}", embedding=OpenAIEmbeddings( ))
)

prompt1 = "What is top 10 famous street foods in Seoul Korea in 200 characters"
prompt2 = "What is top 5 famous street foods in Seoul Korea in 200 characters"

with get_openai_callback( ) as callback:
    response = llm.invoke(prompt1)
```

```
print(response)
print("Total Tokens:",callback.total_tokens)

with get_openai_callback( ) as callback:
    llm.invoke(prompt)
    response = llm.invoke(prompt2)
    print(response)
    print("Total Tokens:",callback.total_tokens)
```

시맨틱 캐시를 사용한 결과는 다음과 같다.

첫 번째 호출 결과

1. Tteokbokki - spicy rice cakes
2. Samgyeopsal - grilled pork belly
3. Kimbap - rice rolls with various fillings
4. Jajangmyeon - black bean noodles
5. Hotteok - sweet pancakes with filling
6. Mandu - dumplings
7. Gimbap - seaweed rice rolls
8. Dakkochi - grilled chicken skewers
9. Sundae - Korean blood sausage
10. Bungeoppang - fish-shaped pastry filled with red bean paste.

Total Tokens: 134

두 번째 호출 결과 (캐시 사용됨)

1. Tteokbokki - spicy rice cakes
2. Samgyeopsal - grilled pork belly
3. Kimbap - rice rolls with various fillings
4. Jajangmyeon - black bean noodles
5. Hotteok - sweet pancakes with filling
6. Mandu - dumplings

7. Gimbap - seaweed rice rolls

8. Dakkochi - grilled chicken skewers

9. Sundae - Korean blood sausage

10. Bungeoppang - fish-shaped pastry filled with red bean paste.

Total Tokens: 0

결과를 보면 두 번째 호출에서 캐시가 제대로 작동하여 토큰 수가 0으로 캐싱된 것을 확인할 수 있다.

여기서 우리는 잠깐 생각해봐야 하는 문제가 있다. 서울에서 유명한 음식이라는 문맥적인 의미는 유사하지만, 첫 번째 프롬프트는 10개의 음식을, 두 번째 프롬프트는 5개의 음식을 추천해 달라고 요청했다. 그러나 두 번째 결과는 10개의 음식이 캐시의 값에서 리턴되었다. 이는 임베딩을 이용한 유사도 분석의 한계 때문이다. 유사도 분석은 말 그대로 비슷한 단어가 많이 나오는 문장을 찾을 뿐, 100% 정확한 의미를 찾아낼 수 없다. 그래서 문장 의미 수준의 캐시 히트는 기대할 수 없으니 이 부분을 유의할 필요가 있다.

히트가 되지 않으면 동일한 질문에 대해 매번 API를 호출해야 하기 때문에 비용 증가와 응답 시간 증가와 같은 자원 낭비가 발생한다. 이를 해결하기 위해 다음과 같이 유사도 임계값을 조정하거나 임베딩 모델 선택, 프롬프트 정규화와 같은 추가 검증 절차 등의 방법들을 통해 캐시 시스템의 정확도와 효율성을 높일 수 있다.

1. **유사도 임계값 조정**: 유사도 임계값을 조정하여 더 많은 프롬프트가 캐시 히트로 간주되도록 할 수 있다. 예를 들어, 임계값을 낮추면 더 많은 프롬프트가 캐시 히트로 처리된다.

```
# 시맨틱 캐시 설정 (유사도 임계값 조정)
set_llm_cache(
    RedisSemanticCache(

redis_url="redis://default:{YOUR_REDIS_PASSWORD}@{YOUR_REDIS_INSTANCE_ADDRESS}:{YOUR_
```

```
REDIS_INSTANCE_PORT}",
        embedding=OpenAIEmbeddings( ),
        similarity_threshold=0.8  # 유사도 임계값을 0.8로 설정
    )
)
```

2. **임베딩 모델 선택:** 다양한 임베딩 모델을 사용하여 프롬프트를 벡터로 변환할 수 있다. 임베딩 모델의 성능과 정확도는 모델에 따라 다르므로, 특정 임베딩 모델이 유사도 분석에서 더 좋은 결과를 제공할 수 있다.

```
# 다른 임베딩 모델 사용
set_llm_cache(
    RedisSemanticCache(

redis_url="redis://default:{YOUR_REDIS_PASSWORD}@{YOUR_REDIS_INSTANCE_ADDRESS}:{YOUR_
REDIS_INSTANCE_PORT}",
        embedding=AnotherEmbeddingModel( )
    )
)
```

3. **프롬프트 정규화:** 프롬프트를 캐싱하기 전에 정규화하여 비슷한 질문을 동일한 형식으로 변환할 수 있다. 예를 들어, 불필요한 공백 제거, 소문자로 변환, 동의어 처리 등을 통해 유사한 질문을 동일하게 인식하도록 할 수 있다.

```
def normalize_prompt(prompt):
    # 간단한 정규화 예제
    prompt = prompt.lower( )
    prompt = prompt.strip( )
    return prompt

normalized_prompt = normalize_prompt(prompt)
```

4. **캐시 결과 검증**: 캐시된 결과를 사용할 때, 캐시 결과가 실제 요구사항과 일치하는지 추가 검증을 수행할 수 있다. 예를 들어, 결과를 반환하기 전에 필요한 개수나 조건을 다시 확인할 수 있다.

```python
def validate_cached_response(response, required_items):
    items = response.split('\n')
    if len(items) >= required_items:
        return True
    return False

# 캐시에서 가져온 응답 검증
if validate_cached_response(response, required_items=5):
    print("Valid response")
else:
    print("Invalid response, fetching new data")
    response = llm.invoke(prompt)
```

반면 RedisSementicCache의 경우에는 유사도 분석 알고리즘을 직접 지정할 수 없고, 캐시 히트로 간주되는 유사도 매칭 임계값(즉, 얼마나 유사해야 캐시된 데이터를 사용할지를 결정하는 기준)을 설정할 수 없다. 따라서 운영 환경에서 세부 캐시 컨트롤이 필요할 경우, 임베딩 알고리즘과 벡터 데이터베이스를 이용해서 직접 캐싱 시스템을 구축하는 것을 권장한다.

정확도는 떨어질 수 있지만 개발 과정에서 불필요하고 반복적인 LLM 모델 호출 횟수를 줄여서 비용 절감을 할 수 있고, 또한 API 호출 횟수를 줄임으로써 응답 시간을 향상시킬 수 있다. 유스케이스 시나리오에 따라서는 운영 환경에서도 활용할 수 있기 때문에, LLM 애플리케이션 개발에서는 캐싱을 꼭 고려해보기를 추천한다.

Hello LangChain

4장

랭체인을 이용한 LLM 모델 개발의 확장

LLM 애플리케이션 개발에서 프롬프트의 최적화는 모델 성능과 응답 품질을 극대화하는 데 중요한 역할을 한다. 프롬프트는 LLM에 대한 프로그래밍에서 중요한 비중을 차지한다. 이를 효율적으로 관리하고 최적화하는 것은 필수적이다. 다양한 시나리오에서 적절한 프롬프트를 생성하고 관리하기 위해 프롬프트 템플릿, 예제 선택기, 출력 파서, 메모리 컴포넌트를 활용하는 것이 필요하다.

이 장에서는 프롬프트를 재사용할 수 있도록 하는 프롬프트 템플릿과 질문과 답변 예제를 추가하여 프롬프트의 정확도를 높이는 N-Shot 프롬프팅 기법을 소개한다. 또한 질문의 종류에 따라 동적으로 예제를 선택하여 삽입할 수 있는 예제 선택기 기능을 설명한다. 출력 파서를 통해 모델의 결과를 다양한 포맷으로 출력하는 방법과 대화 히스토리를 기억할 수 있는 메모리 컴포넌트에 대해서도 다룬다. 이 모든 기술을 통해 개발자는 보다 유연하고 강력한 LLM 기반 애플리케이션을 구축할 수 있을 것이다.

마지막으로, 하나의 LLM 호출이 아닌 여러 LLM 모델을 복합해서 사용하거나 여러 개의 LLM 모델을 호출하여 그 결과를 합치는 워크플로우를 구현할 수 있는데, 랭체인은 이를 체인이라는 기능으로 제공하므로 함께 알아보자.

4.1 프롬프트 템플릿

LLM 기반 애플리케이션 개발에서 가장 중요한 것 중 하나는 프롬프트 엔지니어링이다. 프롬프트를 잘 만들어서 원하는 답변을 얻어야 하는데 프롬프트 템플릿은 프롬프트를 재사용할 수 있도록 해주고, 여러 프롬프트를 구조화하여 적절한 프롬프트를 생성할 수 있도록 한다. 프롬프트 템플릿은 개념적으로 이해하기 쉬운 문자열(string) 연산이지만, 잘 사용하면 강력한 기능이 될 수 있기 때문에 숙지하는 것이 중요하다.

프롬프트 템플릿은 프롬프트를 생성하기 위한 템플릿이다. 예를 들어 "Tell me about {city_name} city" 라는 템플릿이 있으면, {city_name}은 가변 변수가 되고, 프롬프트를 생성할 때 이 값을 지정해서, 프롬프트를 생성할 수 있다. 만약 이 템플릿에서 city_name을 "Seoul"로 지정하고 싶다면, template.format(city_name="Seoul")이라는 식으로 정의하면 템플릿에 값을 채워 넣어서 프롬프트를 생설할 수 있다.

아래 예제는 프롬프트 템플릿 예제로 "Tell me a {adjective} {topic} in {city} in 300 characters." 템플릿을 생성한 후에, 각각 다른 값을 채워 넣어서 두 번 호출하는 예제이다.

코드 예제

```python
# LLM Prompt Template sample

from langchain import PromptTemplate
from langchain.llms import OpenAI

llm = OpenAI(openai_api_key="{YOUR_OPENAI_KEY}")

template = PromptTemplate.from_template(
    "Tell me a {adjective} {topic} in {city} in 300 characters."
)
```

```
prompt= template.format(adjective="famous", topic="place", city="seoul")
print(prompt)
print(llm(prompt))
print("\n")

prompt = template.format(adjective="popular", topic="reastaurant", city="San francisco")
print(prompt)
print(llm(prompt))
print("\n")
```

호출 결과는 다음과 같다.

실행 결과

Output :

Tell me a famous place in seoul in 300 characters.

Gyeongbokgung Palace is one of the most famous places in Seoul. Located in the heart of the city, it was the main royal palace of the Joseon Dynasty for over 500 years. Although destroyed by Japanese forces during the Imjin War, the palace was rebuilt and is now a major tourist attraction, with visitors able to take a guided tour through the palace's various pavilions, gateways, and courtyards, as well as view the changing of the guard ceremony.

Tell me a popular reastaurant in San francisco in 300 characters.

Tadu Ethiopian Kitchen is a popular restaurant in San Francisco that serves authentic Ethiopian dishes. The eatery has an inviting atmosphere and a great selection of traditional dishes such as Doro Wot (chicken stew), Tibs (spicy beef cubes), and Kitfo (minced beef). The menu also features vegetarian items like Gomen (collard greens) and Yemisir Wat (spicy red lentils). They also serve traditional Ethiopian coffee, beer, and wine. Tadu Ethiopian Kitchen is located in the SOMA neighborhood and is a great place to experience the flavors of Ethiopia.

4.1.1 프롬프트 직렬화를 이용한 저장과 로딩

LLM 애플리케이션을 개발하면 많은 작업 중 하나가 프롬프트 튜닝이다. 그래서 프롬프트를 수시로 변경해야 하는 경우도 있고, 국제화된 애플리케이션을 개발하기 위해서는 같은 프롬프트도 다국어로 개발해야 할 경우도 있다. 이런 경우 애플리케이션 코드 내에서 하드코딩된 프롬프트보다. 프롬프트 템플릿을 별도의 파일로 저장하여, 애플리케이션에서 로드하여 사용할 수 있다. 이를 직렬화(Serialization) 라고 한다.

프롬프트 템플릿을 저장하는 방법은 간단하다. 다음 예제 코드에서 처럼 PrompteTemplate 객체를 생성한 후에 save("{JSON 파일명}")을 호출하면 해당 템플릿이 파일로 저장된다.

코드 예제

```
from langchain import PromptTemplate


template = PromptTemplate.from_template(
"Tell me a {adjective} {topic} in {city} in 300 characters."
)
template.save("template.json")
```

다음은 저장된 템플릿의 내용이다.

```
{
    "name": null,
    "input_variables": [
        "adjective",
        "city",
        "topic"
    ],
    "input_types": {},
    "output_parser": null,
```

```
        "partial_variables": {},

        "template": "Tell me a {adjective} {topic} in {city} in 300 characters.",

        "template_format": "f-string",

        "validate_template": false,

        "_type": "prompt"

    }
```

이렇게 저장된 템플릿은 langchain.prompts 패키지의 load_prompt 함수를 이용하여 다시 불러 올 수 있다. 다음 코드는 template.json에 저장된 템플릿을 로딩한 후에, adjective, topic, city의 값을 채워서 프롬프트로 화면에 출력하는 예제이다.

코드 예제

```python
from langchain.prompts import load_prompt

loaded_template = load_prompt("template.json")
prompt = loaded_template.format(adjective="popular", topic="cafe", city="San francisco")
print(prompt)
```

Tell me a popular cafe in San francisco in 300 characters.

이렇게 프롬프트 템플릿을 파일로 저장하고 불러오는 기능을 사용하면, 프롬프트를 쉽게 관리하고 변경할 수 있다. 특히, 다국어 지원이나 다양한 프롬프트 버전을 관리해야 할 때 매우 유용하다. 이는 프롬프트를 쉽게 업데이트하고 협업할 수 있도록 하여, LLM 애플리케이션의 유지보수성과 확장성을 높이는 데 도움이 된다.

4.1.2 채팅 프롬프트 템플릿

일반적인 텍스트 모델과 마찬가지로 채팅 모델 역시 프롬프트를 지원한다. 단 채팅의 경우, SystemMessage, HumanMessage, AIMessage 등이 순차 리스트 형식으로 저장되기 때문에, 템플릿도 같은 형태로 정의해야 한다.

다음은 채팅 프롬프트 템플릿 예제이다.

코드 예제

```python
from langchain.chat_models import ChatOpenAI
from langchain.prompts import ChatPromptTemplate

chat = ChatOpenAI(openai_api_key="{YOUR_API_KEY}")

chat_template = ChatPromptTemplate.from_messages(
    [
        ("system","You are a tour guide."),
        ("human","I'm planning to visit {Country}."),
        ("ai","I'm tour guide for {Country}."),
        ("human","{user_input}")
    ]
)

prompt = chat_template.format_messages(Country="Korea",user_input="What is top5 best place to go there?")

print("Prompt :",prompt)
print("-"*30)

aiMessage=chat.invoke(prompt)
print(aiMessage)
```

앞선 코드에서는 chat_template에 system, human, ai message 히스토리를 정의하였고, Country와 user_input을 변수로 지정했다. PromptTemplate과 마찬가지로 format_messages 메서드를 이용하여, 템플릿에 값을 채워서 프롬프트를 생성한다.

다음과 같이 실행 결과로 생성된 프롬프트를 보면, Country에 'Korea'가 채워져 있고, user_input에는 "What is top 5 best place to go there?"라는 질문이 채워진 것을 확인할 수 있다.

Prompt : [SystemMessage(content='You are a tour guide.'), HumanMessage(content="I'm planning to visit Korea."), AIMessage(content="I'm tour guide for Korea."), HumanMessage(content='What is top5 best place to go there?')]

이와 같이 채팅 프롬프트 템플릿을 활용하면, 대화 히스토리를 관리하면서 필요한 변수를 채워넣어 프롬프트를 유연하게 생성할 수 있다. 이는 다양한 사용자 입력에 대해 일관된 형식의 대화를 유지하면서도, 각 대화의 맥락을 반영하여 적절한 답변을 생성하는 데 큰 도움이 된다.

4.1.3 프롬프트 조합

앞서 간단한 단일 프롬프트를 살펴보았는데, 상황에 따라 여러 개의 프롬프트를 조합하거나, 프롬프트 내에 대란 프롬프트를 포함하여 새로운 프롬프트를 만들어낼 수 있다. 이러한 기법을 프롬프트 조합 (Prompt Composition)이라고 한다.

다음 예제는 'role_prompt'와 'question_prompt' 두 개를 합쳐서 새로운 'full_prompt'를 만들어내는 예제이다.

코드 예제

```
from langchain.prompts import PromptTemplate

role_prompt = PromptTemplate.from_template("You are tour guide for {country}")
question_prompt = PromptTemplate.from_template("Please tell me about {interest} in {country}")
```

```
full_prompt=role_prompt + question_prompt
```

```
full_prompt.format(country="Korea",interest="famous place to visit")
```

단순하게 'role_prompt + question_prompt'로 새로운 프롬프트를 조합할 수 있음을 확인할 수 있다. 다음은 조합된 프롬프트를 출력한 결과이다.

'You are tour guide for KoreaPlease tell me about famous place to visit in Korea'

단순한 조합 외에도, 프롬프트가 다른 프롬프트들을 포함할 수 있는 기법이 있는데, 이를 프롬프트 파이프라이닝(prompt pipelining)이라고 한다. 다음 예제는 'full_prompt' 안에 'role_prompt'와 'question_prompt'를 포함하는 예제이다.

```python
from langchain.prompts.pipeline import PipelinePromptTemplate
from langchain.prompts import PromptTemplate

full_template = """{role}

{question}

Please do not reply with anything other than information related to travel to
{country} and reply " I cannot answer."
"""

full_prompt = PromptTemplate.from_template(full_template)
role_prompt = PromptTemplate.from_template("You are tour guide for {country}")
question_prompt = PromptTemplate.from_template("Please tell me about {interest} in
{country}")
```

```
# composition
input_prompts = [
    ("role",role_prompt),
    ("question",question_prompt)
]

# PipelinePromptTemplate을 이용하여 전체 프롬프트와 부분 프롬프트를 조합
pipeline_prompt = PipelinePromptTemplate(final_prompt=full_prompt,pipeline_
prompts=input_prompts)

prompt_text = pipeline_prompt.format(
    country="Korea",
    interest="famous place to visit"
)

print(prompt_text)
```

앞선 예제에서는 full_template에 {role}과 {question}으로 'role_prompt'와 'question_prompt'가 삽입될 위치를 지정했다. 그리고 input_prompt의 role에 'role_prompt'를 지정하고, question에 'question_prompt'를 지정한 다음 PipelinePromptTemplate을 이용하여, 전체 프롬프트를 full_prompt로 지정한 후에, pipeline_prompts에 포함될 프롬프트의 정보를 저장한 input_prompt를 지정하여 프롬프트 템플릿을 생성했다. 다른 프롬프트 템플릿과 마찬가지로 'format' 메서드를 이용하여 템플릿의 값을 지정하면 된다.

다음은 출력 결과이다.

출력 결과

```
You are tour guide for Korea <-- Role prompt

Please tell me about famous place to visit in Korea <-- Question prompt
```

```
Please do not reply with anything other than information related to travel to
Korea and reply " I cannot answer."
```

이 출력 결과를 통해 role_prompt와 question_prompt가 포함된 것을 확인할 수 있고, 템플릿 변수인 country와 interest 값이 role, question prompt에 모두 전달된 것을 확인할 수 있다.

이와 같은 프롬프트 조합 및 파이프라이닝 기법을 활용하면, 복잡한 프롬프트를 유연하게 구성하여 다양한 상황에 맞게 사용할 수 있다. 이를 통해 효율적인 프롬프트 엔지니어링이 가능해지며, LLM 애플리케이션 개발에 큰 도움이 된다.

4.1.4 부분 프롬프트 템플릿

프롬프트 템플릿의 변수에 값을 채워 넣는 방법 중 하나로 부분 프롬프트 템플릿(Partial Prompt Template)이라는 방식이 있다. 이 방식은 프롬프트의 변수 값을 한 번에 모두 채워 넣는 것이 아니라, 이 중 일부만 먼저 채워 넣고 나머지는 나중에 채워 넣는 방식이다. 예를 들어 템플릿 변수 A, B, C가 있을 때, 템플릿을 생성할 때 A를 먼저 채워 넣고 나중에 B와 C를 채워 넣는 것이다.

이 방법은 애플리케이션 코드 내에서 템플릿 생성 시 이미 알고 있는 값이 있을 때 사용하기 편리하다. 다음 코드를 보면, topic과 city 두 개의 템플릿 변수가 있는데, 템플릿을 생성할 때 city에 대한 값을 prompt.partial(city="Seoul")을 통해서 먼저 채워 놓았고, 그 다음 줄에서 format 메서드를 이용하여 topic을 채워 놓았다.

```
from langchain.prompts import PromptTemplate

prompt = PromptTemplate(template="What is famous {topic} in {city}?",input_
```

```
variables=["topic","city"])

partial_prompt = prompt.partial(city="Seoul")

rint(partial_prompt.format(topic="food"))
```

아래는 생성된 템플릿 결과이다.

```
What is famous food in Seoul?
```

또는 다음 예제와 같이 PromptTemplate을 생성할 때, partial_variables를 인자로 사용하여 이미 알고 있는 변수의 값을 넘겨줄 수 있다.

```
from langchain.prompts import PromptTemplate

# partial_variables를 이용하여 부분 프롬프트를 생성
prompt = PromptTemplate(template="What is famous {topic} in {city}?",input_
variables=["topic"],partial_variables={"city":"seoul"})

partial_prompt = prompt.partial(city="Seoul")

print(partial_prompt.format(topic="food"))
```

부분 프롬프트 템플릿은 특정 변수의 값이 미리 결정된 경우, 이를 활용하여 나머지 변수를 나중에 채워 넣음으로써 프롬프트를 보다 유연하게 사용할 수 있다. 이를 통해 프롬프트 템플릿을 재사용하고 관리하는 데 있어 큰 장점을 제공한다.

4.2 예제 선택기(Example Selector)

프롬프트의 정확도를 높이기 위한 기법 중 하나는 프롬프트에 질문과 답변에 대한 예제를 추가하는 것이다. 이를 프롬프트 튜닝(Prompt Tuning)이라고 하며, 이렇게 질문과 답변 예제를 추가 하는 방식을 N-Shot 프롬프팅이라고 한다. 예제가 없는 경우를 Zero-Shot 프롬프팅, 2개의 예제가 있는 경우를 2-Shot 프롬프팅이라고 한다. 일반적으로 2~3개의 예제만 추가해도 답변의 정확도를 크게 높일 수 있다.

프롬프트에 예제를 정적으로 미리 추가할 수도 있지만, 질문의 내용이나 종류에 따라 동적으로 질문에 대한 예제를 선택하여 프롬프트에 삽입하면 좀 더 좋은 결과를 얻을 수 있다. 특히 챗봇처럼 다이나믹하게 질의의 내용이 바뀔 수 있는 경우 유용하게 사용할 수 있다. 이를 위해 랭체인에서는 동적으로 예제를 선택하여 삽입할 수 있는 예제 선택기(Example Selector) 기능을 제공한다.

기본 원리는 데이터베이스나 메모리에 여러 예제를 미리 저장해 놓고, 질문에 따라 가장 유사한 예제를 찾아서 선택하는 방식이다. 예제를 선택하는 알고리즘에 따라 다양한 예제 선택기(Example Selector)를 제공한다. 각각의 예제 선택기에 대해 알아보자.

4.2.1 길이 기반 예제 선택기(Length)

길이 기반 예제 선택기는 전체 프롬프트의 길이를 기반으로 예제를 선택한다. 보통 LLM의 입력 토큰 길이에는 제약이 있기 때문에, 무조건적으로 많은 예제를 넣을 수 없다. 이 길이 기반 예제 선택기(LengthBasedExampleSelector)는 전체 프롬프트 길이를 기준으로 예제를 선택한다.

예를 들어 프롬프트의 질문의 길면, 예제를 상대적으로 적게 넣어서 전체 프롬프트 길이를 맞추고, 반대로 프롬프트의 질문 길이가 짧으면 예제를 많이 넣어서 전체 프롬프트 길이를 맞춘다.

아래 예제는 음식의 종류를 구분하는 프롬프트 작성 코드로. 길이 기반 예제 선택기를 사용한 예제이다.

코드 예제

```python
from langchain.prompts import FewShotPromptTemplate, PromptTemplate
from langchain.prompts.example_selector import LengthBasedExampleSelector

# 예제 데이터
examples = [
    {"food":"Kimchi","category":"Korean food"},
    {"food":"Chocolate","category":"dessert"},
    {"food":"Pasta","category":"Italian food"},
    {"food":"Americano","category":"Coffee"}
]

# 예제 프롬프트 템플릿
example_prompt = PromptTemplate(template="Food:{food} Category:{category}",
                               input_variables=["food","category"])

# 길이 기반 예제 선택기
example_selector = LengthBasedExampleSelector(examples = examples, example_
prompt=example_prompt,max_length=30)

# 동적 프롬프트 템플릿
dynamic_prompt = FewShotPromptTemplate(
    example_selector = example_selector,
    example_prompt = example_prompt,
    prefix = "What is the category of this food?",
    suffix = "Food: {food}",
    input_variables = ["food"]
```

```
)
output=dynamic_prompt.format(food="Korean BBQ")
print(len(output.split( )),output)
```

examples에는 예제 데이터가 있고, example_prompt를 이용하여 예제 프롬프트를 생성한다. 다음으로 'LengthBasedExampleSelector'를 생성하는데, 이때 예제 프롬프트 템플릿(example_prompt)과 예제 템플릿에서 사용할 값(examples)을 넘기고, max_length를 지정한다. 이는 전체 프롬프트의 문자열의 길이이다(문자 수가 아니라 단어 수를 사용한다).

실행 결과는 다음과 같다. 모든 예제를 다 넣어서 총 약 20개의 단어로 출력한다.

실행 결과

```
20 What is the category of this food?
Food: Kimchi Category:Korean food
Food: Chocolate Category:dessert
Food: Pasta Category:Italian food
Food: Americano Category:Coffee
Food: Korean BBQ
```

프롬프트의 질문 길이를 늘이면 어떻게 될까?

```
output=dynamic_prompt.format(food="""Korean BBQ: Grilled meat, vibrant flavors,
charcoal aroma. Tradition meets friends and family in a delightful dining experience,
creating lasting memories.
""")
print(len(output.split()),output)
```

출력 결과는 다음과 같이 34개의 단어로 예제는 한 개만을 포함하였다.

실행 결과

```
34 What is the category of this food?
```

```
Food:Kimchi Category:Korean food
Food:Chocolate Category:dessert
Food: Korean BBQ: Grilled meat, vibrant flavors, charcoal aroma.
Tradition meets friends and family in a delightful dining experience, creating
lasting memories.
```

LengthBasedExampleSelector는 질문의 길이에 따라 예제를 몇 개 포함할 것인지를 결정하는 데 유용하게 사용할 수 있다.

4.2.2 N-그램 오버랩(N-gram Overlap)

N-gram은 연속된 N개의 아이템(일반적으로 단어 또는 문자)으로 이루어진 순서 있는 집합을 나타낸다. 예를 들어, "I love natural language processing."라는 문장에서 2-gram을 추출하면 다음과 같다:

- "I love"
- "love natural"
- "natural language"
- "language processing"

여기서 N은 연속된 아이템의 개수를 나타낸다. 그래서 2-gram은 두 개의 연속된 아이템으로 이루어진 구조를 의미한다. 유사하게, 3-gram은 세 개의 연속된 아이템으로 이루어진 구조를 나타내며, 일반적으로 bigram, trigram, 4-gram, 5-gram 등과 같이 표현된다.

N-gram overlap selector는 프롬프트와 예제 프롬프트에서 겹치는 n-gram의 수를 카운트하여, 겹치는 n-gram이 많은 예제를 사용하는 예제 선택기이다.

예를 들어 "Sushi is my favorite choice for party food"라는 프롬프트가 있을 때, 다음과 같이 두 개의 예제가 있다고 가정하자.

- Chocolate is an easy to gain weight food.
- Kimchi is my favorite food.

1-gram을 기준으로 첫 번째 예제는 is와 food가 중첩되고, 두 번째 예제는 my, favorite, food 3개의 단어가 중첩되기 때문에, 두 번째 예제가 더 높은 순위를 차지하게 되고, 두 번째 예제가 추천된다.

NGramOverlapExampleSelector를 사용하는 예제 코드를 보자. 앞의 예제와 거의 유사하지만 NGramOverlapExampleSelector를 사용하였고, 추가로 threshold 값이 인자로 전달된 것을 볼 수 있다.

- threshold 값은 -1 이 디폴트이고, 제안된 예제를 모두 포함한다. 단 n-gram over-lap score에 따라서 중첩되는 단어가 많은 순서대로 예제를 포함한다. 중첩되는 n-gram이 없더라도 예제에 포함된다.
- threshold 값이 0이면, 중첩되는 n-gram이 있는 예제만을 리턴한다.
- threshold 값이 1 이상이면, 예제를 포함하지 않는다.

다음 예제는 threshold 값을 -1로 했기 때문에, n-gram 중첩에 상관없이 모든 예제를 프롬프트에 포함하되, n-gram 중첩이 높은 순서대로 소팅해서 포함한다.

```python
from langchain.prompts import FewShotPromptTemplate, PromptTemplate
from langchain.prompts.example_selector.ngram_overlap import
NGramOverlapExampleSelector

# 예제 데이터
examples = [
    {"food":"Kimchi is my favorite food.","category":"Korean food"},
    {"food":"Chocolate is easy to gain weight food.","category":"dessert"},
    {"food":"I love pasta; it's my favorite comfort food after
```

```
work.","category":"Italian food"},
    {"food":"Sipping an Americano, contemplating weight, a mindful morning routine
begins.","category":"Coffee"}
]

# 예제 프롬프트 템플릿
example_prompt = PromptTemplate(template="Food:{food} Category:{category}",
                                input_variables=["food","category"])

# N-gram 오버랩 예제 선택기
example_selector = NGramOverlapExampleSelector(examples = examples, example_
prompt=example_prompt,threshold=-1.0)

# 동적 프롬프트 템플릿
dynamic_prompt = FewShotPromptTemplate(
    example_selector = example_selector,
    example_prompt = example_prompt,
    prefix = "What is the category in the food? .",
    suffix = "Food: {food}",
    input_variables = ["food"]
)

output=dynamic_prompt.format(food="Sushi is my favorite choice for party food")
print(output)
```

실행 결과를 보면 다음과 같다. 첫 번째 문장은 favorite, food, is와 같이 중첩이 많은
"Kimchi is my favorite food"라는 예제가 중첩되었고, 마지막은 중첩되는 단어가 없는
"Sipping an Americano, contemplating weight, a mindful morning routine begins."까지
모두 포함되었다.

```
What is the category in the food? .
```

```
Food: Kimchi is my favorite food. Category:Korean food
Food: I love pasta; it's my favorite comfort food after work. Category:Italian food
Food: Chocolate is easy to gain weight food. Category:dessert
Food: Sipping an Americano, contemplating weight, a mindful morning routine begins.
Category:Coffee
Food: Sushi is my favorite choice for party food
```

Threshold 값을 0으로 바꾸고 실행하면 다음과 같은 결과를 얻을 수 있다. 중첩되는 단어가 없는 두 개의 예제는 제외되고, 중첩되는 단어가 있는 나머지 두 예제만 포함된 것을 확인할 수 있다.

```
example_selector = NGramOverlapExampleSelector(examples=examples, example_
prompt=example_prompt, threshold=0.0)
```

```
What is the category in the food? .
Food:Kimchi is my favorite food. Category:Korean food
Food:I love pasta; it's my favorite comfort food after work. Category:Italian food
Food: Sushi is my favorite choice for party food
```

N-Gram Overlap Example Selector는 같은 단어가 나오는 빈도로 예제를 찾아내기 때문에, 문맥에 대한 의미가 없는 단순한 방식으로 높은 정확도를 기대하기 어렵지만, 단순히 유사 단어로 검색해야 하는 시나리오나 빠른 속도가 필요한 경우에는 유용하게 사용할 수 있다.

4.2.3 유사도 기반(Similarity)

앞의 두 예제 선택기가 길이나 단어의 중첩 개수와 같은 단순한 방법을 사용했다면, 유사도 기반의 예제 선택기는 입력되는 프롬프트와 예제 프롬프트 문장 간의 유사도를 기반으로 예제를 추천한다. 이는 구글과 같은 검색엔진에서 검색 키워드에 대한 유사한 문서를 추출하는 개념으로 생각하면 된다.

이 유사도에 대한 이론적인 설명은 5.1 RAG의 구조와 활용 부분에서 다시 설명하기로 한다. 간단하게 개념만 짚고 넘어간다면, 프롬프트 문장이 있을 때 이 문장을 벡터 평면에 맵핑하고 프롬프트 예제 문장들 역시 벡터 평면에 맵핑한 후에, 서로 문맥적으로 의미가 유사한 문장을 찾아서 랭킹을 매기는 방식이다. 즉 의미적으로 비슷한 예제를 찾아낼 수 있는 방식이라고 생각하면 된다.

유사도 기반 예제 선택기를 사용하기 위해서는 랭체인 이외에 두 가지 외부 컴포넌트가 필요하다. 유사도 측정을 하기 위해서는 먼저 프롬프트 예제와 프롬프트를 벡터 값으로 변경해야 하는데, 이 과정을 임베딩이라고 하며 보통 임베딩 머신러닝 모델을 이용하여 텍스트를 벡터 값으로 임베딩한다. 이를 위해 다음 예제에서는 OpenAI의 Embedding API를 사용했다.

임베딩된 데이터는 저장하고 임베딩된 프롬프트와 프롬프트 예제 간의 유사도 기반의 검색 기능이 필요한데, 이렇게 임베딩 벡터를 저장하고 검색하는 기능을 제공하는 솔루션을 벡터 데이터베이스라고 한다. 대표적인 것으로 Pinecone과 Chroma 같은 벡터 데이터베이스가 있다. Pinecone은 높은 성능과 확장성을 자랑하며, 대규모 데이터셋을 빠르게 처리할 수 있는 강력한 벡터 데이터베이스이다. 반면 Chroma는 간단하게 로컬 환경에서 실행할 수 있는 벡터 데이터베이스로, 별도의 서버 기동이 필요 없고 파이썬 모듈로 쉽게 구동할 수 있어 이번 예제에서는 간단하게 활용해 볼 수 있는 Chroma 벡터 데이터베이스를 사용했다. Chroma는 Apache 2.0 라이선스로 제공된다.

임베딩이나 벡터 검색, 벡터데이터베이스에 대한 구체적인 개념과 내용에 대해서는 5.4 Retrieval 부분에서 다시 상세하게 설명한다.

먼저 pip install 명령을 이용하여 Chroma 데이터베이스를 설치한다.

```
!pip install chromadb
```

다음은 유사도 기반 예제 검색을 사용하는 예제 코드이다.

```python
from langchain.embeddings import OpenAIEmbeddings
from langchain.prompts import FewShotPromptTemplate, PromptTemplate
from langchain.prompts.example_selector import SemanticSimilarityExampleSelector
from langchain.vectorstores import Chroma

import os
os.environ["OPENAI_API_KEY"] = "{YOUR_API_KEY}"

# 예제 데이터 설정
examples = [
    {"input":"Happy.","category":"emotion"},
    {"input":"BBQ","category":"food"},
    {"input":"Golf","category":"Sports"},
    {"input":"Student","category":"Person"}
]

example_prompt = PromptTemplate(template="Input:{input} Category:{category}",
                    input_variables=["input","category"])

# 유사도 기반 예제 선택기 생성
example_selector = SemanticSimilarityExampleSelector.from_examples(
examples,
OpenAIEmbeddings( ),    # 임베딩 API 지정
Chroma,                 # 벡터 데이터베이스 지정
k=1,                    # 리턴할 예제 개수
)

# FewShot 프롬프트 템플릿 생성
dynamic_prompt = FewShotPromptTemplate(
    example_selector = example_selector,
```

```
    example_prompt = example_prompt,
    prefix = "What is the category of the input? .",
    suffix = "input: {input}",
    input_variables = ["input"]
)

output=dynamic_prompt.format(input="Sushi")
print(output)
```

앞의 예제는 input 입력에 따라서 분류를 결정하는 코드이다. examples에 프롬프트 예제로 Happy는 emotion(감정), BBQ는 food(음식)와 같이 분류의 예제를 만들어 놓았다. 이를 'SemanticSimilarityExampleSelector'를 이용하여 프롬프트 예제를 선택하게 한다.

- examples는 예제로 사용될 프롬프트 변수들의 집합이다.
- OpenAIEmbeddings( )는 예제와 프롬프트를 임베딩하는 데 사용할 임베딩 API 이다. 여기서는 OpenAI에서 제공하는 임베딩 API를 사용했다.
- Chroma 임베딩된 데이터를 저장하고 검색할 수 있는 벡터 데이터베이스를 지정한다. 여기서는 Chroma 데이터베이스를 사용했지만, Redis 벡터 데이터베이스나 Pinecone 등 다른 벡터 데이터베이스도 사용이 가능하다.
- 마지막으로 k 값은 유사도 기반으로 몇 개의 예제를 리턴할 것인지를 결정한다.

실행 결과는 다음과 같다.

질의는 해당 input에 대해서 Category를 지정하는 질의이고, Input으로는 Sushi를 입력하였다. 유사도 기반 예제 선택기에 의해 Sushi는 예제 중에서 BBQ와 같은 음식 의미를 가지고 있기 때문에 예제로 BBQ 예제가 선택되어서 프롬프트에 삽입되었다.

실행 결과

```
What is the category of the input? .
Input:BBQ Category:food
```

```
input: Sushi
```

유사도 기반 예제 선택기는 단순한 방법보다 더 정확한 예제를 선택할 수 있으며, LLM이 더 정확한 답변을 생성할 수 있도록 도와준다. 이는 특히 다양한 문맥에서 유사한 의미를 찾는 데 매우 유용하다.

4.2.4 통계요약 알고리즘 기반(Maximal Marginal Relevance, MMR)

유사도 기반의 알고리즘은 프롬프트를 하나의 큰 의미 벡터로 표현하여, 그와 유사한 예제를 찾는 개념이다. 즉 하나의 의미에 대한 유사한 예제를 찾기 때문에 예제의 다양성이 떨어질 수 있다. 예를 들어 질의가 하나의 개념에 대한 질의일 경우에는 크게 문제가 없지만 질의가 두 개 이상의 개념에 대한 질의일 경우 어떻게 될까?

예를 들어, 사용자가 자연어 처리와 기계 학습에 대한 학문적인 관심을 가지고 있다고 가정하자. 그리고 다음과 같이 3개의 예제 문서가 있다고 하자. 질의는 "최신 자연어 처리 기술과 기계학습에 대해서 알려줘."

- 문서 1: "최신 자연어 처리 기술의 적용"
- 문서 2: "신규 기계 학습 알고리즘의 개발 동향"
- 문서 3: "자연어 텍스트 데이터의 효과적인 전처리 방법"

이 문제는 '자연어 처리'와 '기계 학습' 두 가지 토픽에 대한 검색을 필요로 하는 문제인데, 유사도 기반 검색에서 자연어 처리에 관련된 문서가 더 많거나, 임베딩된 데이터가 자연어 처리 쪽으로 편향되어 있다면 문서 1과 문서 3의 자연어 처리에 관련된 문서만 검색될 것이고, '기계 학습' 토픽에 대한 문서는 검색 결과에서 누락될 것이다.

이렇게 유사도 기반 검색에서의 다양성 문제를 해결하기 위한 알고리즘이 통계 요약 알고리즘(이하 MMR) 방식이다. MMR 방식은 유사도 기반 알고리즘과 비슷하지만 검색 결과

를 낼 때 앞의 검색 결과에서 나온 토픽을 제외한다. 예를 들어 앞의 예제에서는,

- 첫 번째 검색 결과는 유사도 기반 검색을 사용하기 때문에, 문서 1의 자연어에 관련된 문서를 리턴한다.
- 두 번째 순위 검색에서는 앞의 검색 결과가 '자연어' 토픽에 대한 검색이었기 때문에, '자연어'의 개념을 제외한 나머지 문서들을 검색해서 문서 2. '기계학습'에 관련된 문서를 리턴한다.

MMR 방식의 예제 선택기는 유사도 기반의 다양성 문제를 해결할 수 있는 기술이기는 하지만 연산량이 다른 알고리즘에 비해서 상대적으로 많기 때문에 응답시간과 성능에 대한 충분한 테스트 후에 사용하기를 권장한다.

다음 예제 코드를 보자. 기본적으로 MMR도 유사도 기반 방식과 마찬가지로 임베딩과 벡터 데이터베이스를 위한 검색을 사용하기 때문에, 마찬가지로 임베딩 API가 필요하고, OpenAIEmbeddings()를 사용하였다. 벡터 데이터베이스도 앞에서 사용한 Chroma를 그대로 사용하였다.

변경된 부분은 MaxMarginalRelevanceExampleSelector.from_examples이다. 다음 예제를 보면 examples에서 첫 번째와 다섯 번째 토픽은 날씨에 관련된 내용이고, 두 번째부터 네 번째 토픽은 경제에 관련된 토픽이다. 프롬프트로 질문은 "나는 경제와 이번 주 날씨에 대해서 알고 싶어"로 두 개의 토픽에 대해 질문을 하였다. 이렇게 두 개의 서로 다른 주제를 동시에 다루어 보면 MMR 방식의 장점을 확인해 볼 수 있다.

코드 예제

```python
from langchain.embeddings import OpenAIEmbeddings
from langchain.prompts import FewShotPromptTemplate, PromptTemplate
from langchain.prompts.example_selector import (
    MaxMarginalRelevanceExampleSelector,
    SemanticSimilarityExampleSelector,
)
```

```python
from langchain.vectorstores import Chroma

import os
os.environ["OPENAI_API_KEY"] = "{YOUR_API_KEY}"

examples = [
    {"input":"Please summarize the weather news.\n"
     ,"summary":"Today's weather: Sunny skies, mild temperatures,"\
     " and a gentle breeze. Enjoy the pleasant conditions throughout the day!"},
    {"input":"Please summarize the economy news.\n","summary":"Global stocks rise on
                                              positive economic data;"\
     "inflation concerns persist. Tech sector outperforms; central banks closely
                                              monitor."},
    {"input":"Please summarize retail news.\n","summary":"Major retailer announces
                         record-breaking sales during holiday shopping season"},
    {"input":"What is stock market trend?\n","summary":"Investor optimism grows amid
                                        easing global trade tensions"},
    {"input":"Typhoon related news.\n","summary":"IAirports and schools close ahead
                                  of approaching typhoon threat"},

]

# 예제 프롬프트 템플릿 생성
example_prompt = PromptTemplate(template="Input:{input} Summary:{summary}",
                                input_variables=["input","summary"])

# MMR 예제 선택기 생성
example_selector = MaxMarginalRelevanceExampleSelector.from_examples(examples,
OpenAIEmbeddings( ),Chroma,k=2,)
# FewShot 프롬프트 템플릿 생성
dynamic_prompt = FewShotPromptTemplate(
    example_selector = example_selector,
    example_prompt = example_prompt,
```

```
        suffix = "input: {input}\nSummary:",
        prefix = "",
        input_variables = ["input"]
)

output=dynamic_prompt.format(input="I want to know the economy trends and weather this week.")
print(output)
```

결과는 다음과 같다.

첫 번째 예제 프롬프트는 날씨에 대한 예제 프롬프트가 선택되었고, 두 번째 프롬프트는 날씨에 대한 프롬프트 예제를 제외하고 주식 시장에 관련된 예제가 선택되었다.

```
Input:Please summarize the weather news.
Summary:Today's weather: Sunny skies, mild temperatures, and a gentle breeze. Enjoy
the pleasant conditions throughout the day!

Input:What is stock market trend?
Summary:Investor optimism grows amid easing global trade tensions

input: I want to know the economy trends and weather this week.
Summary:
```

유사도 기반이나 MMR 방식이 문장의 유사도를 기반으로 예제를 선택하는 만큼 N-그램 등과 비교해서 정확도가 높을 수 있겠지만, 말 그대로 문장이 유사한지 아닌지를 기반으로 하는 것이지, 어떤 예제가 적절한지 판단해서 예제를 선택하는 것이 아니다. 랭체인에서는 Custom Example Selector를 직접 제작할 수 있는데 좀 더 높은 수준의 예제 선택기가 필요하다면 LLM을 이용하여 예제를 선택하도록 구현해보는 것을 권장한다.

예를 들어 "이 예제는 주식 시장 질문에 대한 예제이다. 예제:{예제 프롬프트}"와 같이 각 예제 별로 메타정보(예제의 용도)를 서술한 뒤에, 이 메타정보를 기반으로 LLM이 적절한 예제를 선택하도록 구성할 수 있다.

4.3 출력 파서(Output Parser)

앞서 프롬프트의 포맷을 정할 수 있는 프롬프트 템플릿과 프롬프트에 예제를 삽입하기 위한 예제 선택기에 대해서 알아보았다. 이제 모델에서 나온 결과값을 어떻게 포맷팅할 수 있는지 알아보자. 랭체인은 모델의 결괏값을 다양한 포맷으로 출력하기 위해 다양한 파서를 지원한다. 이를 출력 파서(Output Parser)라고 한다.

먼저 다음 예제를 보자. 예제는 이메일 본문에서 이메일을 보낸 사람, 이메일 요약, 이메일 보낸 사람의 직급 등을 추출하는 예제이다. 여기서 우리는 출력 파서를 사용하지 않고, 'format_instruction' 부분에 출력 값의 필드 정의와 포맷 형태 및 예제를 직접 프롬프트에 정의하고 있다.

코드 예제

```
from langchain.llms import OpenAI
from langchain.output_parsers import PydanticOutputParser
from langchain.prompts import PromptTemplate
from langchain_core.pydantic_v1 import BaseModel, Field, validator

model = OpenAI(openai_api_key="{YOUR_API_KEY}")

# 이메일 본문 예제
email = """
```

Subject: Invitation to Generative AI Product Showcase

Dear [Recipient Name],

I am Terry, CTO of Exxon. I am pleased to invite you to a Generative AI Product Showcase at the Exxon office in Mountain View on December 1, 2025.

At this event, we will discuss Exxon's latest Generative AI technologies and how they can be used to develop new products and services. Specifically, you will learn about the following topics:

* Overview of Generative AI and its key features
* Exxon's Generative AI products and services
* Case studies of new products and services developed using Generative AI

The event will be attended by Terry, CTO of Exxon, and leaders from the Generative AI team. By attending, you will gain up-to-date information on Generative AI technologies and the opportunity to collaborate with Exxon to develop new products and services.

Event Information:

* Date: December 1, 2025
* Time: 10:00 AM
* Location: Exxon Office (Mountain View)

RSVP:

Please RSVP by email (terrycho@exon.example) or phone (609-123-1234) by November 20, 2025.

We look forward to seeing you there.

Thank you.

Terry

CTO, Exxon

Contact:

* Email: terrycho@exon.example
* Phone: 609-123-1234"""

```python
# 출력 포맷 및 필드 정의를 포함한 format_instruction
format_instrucion = """
 This is the list of entities of the output.
 sender_name : Person who send email.
 sender_title : Job title of the email sender.
 sender_contact_email:Email address of the email sender.
 email_type: Type of email,it can be personal email, business email, spam,
newletter,notificaion.
 summary:Short description of the email in 50 words.
 date:If this email is meeting inviation, this is meeting date and time.

 This is expected output format:
 sender_name='Cho' sender_title='CIO' sender_contact_email='myname@example.com'
sender_contact_phone='669-432-1234'
 email_type='Notification'
 summary="Submit expense report by end of this week."
 date='December 1, 2025 at 10:00 AM'
 """


# 프롬프트 템플릿 생성
prompt_template = PromptTemplate(
    template="Parse the email .\n{format_instructions}\n{email}\n",
```

```
        input_variables=["email"],
        partial_variables={"format_instructions": format_instrucion},
    )
    # 프롬프트에 이메일 본문을 적용하여 최종 프롬프트 생성
    prompt = prompt_template.format(email=email)

    # 모델에 프롬프트를 전달하여 출력 값 받기
    output = model.invoke(prompt)

    print(output)
```

이 코드는 format_instruction을 사용하여 출력 값의 필드 정의와 포맷을 프롬프트 내에 직접 명시하고 있다. 프롬프트 템플릿은 이 정의와 이메일 본문을 합쳐서 모델에 전달한다. 모델은 프롬프트를 기반으로 이메일을 파싱하고, 정의된 출력 형식에 맞춰 결과를 반환한다.

예제와 같이 출력 형태를 프롬프트 내에 텍스트로 정의할 수도 있지만 Output Parser를 이용하면, 프롬프트에 직접 출력형태를 지정하지 않고, 출력 형태를 코드로 빼서 지정할 수 있다.

다음 코드는 앞의 코드를 JsonOutputParser를 이용하여 변경한 예제이다.

코드 예제

```
from langchain.llms import OpenAI
from langchain_core.output_parsers import JsonOutputParser
from langchain.prompts import PromptTemplate
from langchain_core.pydantic_v1 import BaseModel, Field, validator

model = OpenAI(openai_api_key="{YOUR_API_KEY}")

email = """
```

Subject: Invitation to Generative AI Product Showcase

Dear [Recipient Name],

I am Terry, CTO of Exxon. I am pleased to invite you to a Generative AI Product Showcase at the Exxon office in Mountain View on December 1, 2025.

At this event, we will discuss Exxon's latest Generative AI technologies and how they can be used to develop new products and services. Specifically, you will learn about the following topics:

* Overview of Generative AI and its key features
* Exxon's Generative AI products and services
* Case studies of new products and services developed using Generative AI

The event will be attended by Terry, CTO of Exxon, and leaders from the Generative AI team. By attending, you will gain up-to-date information on Generative AI technologies and the opportunity to collaborate with Exxon to develop new products and services.

Event Information:

* Date: December 1, 2025
* Time: 10:00 AM
* Location: Exxon Office (Mountain View)

RSVP:

Please RSVP by email (terrycho@exon.example) or phone (609-123-1234) by November 20, 2025.

We look forward to seeing you there.

Thank you.

Terry

CTO, Exxon

Contact:

* Email: terrycho@exon.example
* Phone: 609-123-1234"""

```python
# 이메일 파서 정의
class EmailParser(BaseModel):
    sender_name: str = Field(description="Person who send email")
    sender_title: str = Field(description="Job title of the email sender")
    sender_contact_email:str = Field(description="Email address of the email
sender")
    sender_contact_phone:str = Field(description="Phone number of the email
sender")
    email_type:str = Field(description="Type of email,it can be personal email,
business email, spam, newletter,notificaion")
    summary:str = Field(description="Short description of the email in 50 words")
    date:str = Field(description="If this email is meeting inviation, this is
meeting date and time")

# JsonOutputParser 초기화
parser = JsonOutputParser(pydantic_object=EmailParser)

# 프롬프트 템플릿 생성
prompt_template = PromptTemplate(
    template="Parse the email .\n{format_instructions}\n{email}\n",
    input_variables=["email"],
    partial_variables={"format_instructions": parser.get_format_instructions()},
```

```
    )

    prompt = prompt_template.format(email=email)
    output = model.invoke(prompt)

    # JsonOutputParser를 이용하여 출력 값 파싱
    output_text = parser.invoke(output)
    print(output_text)
```

앞의 예제는 JsonOutputParser를 사용하여 이메일에서 필요한 정보를 추출해낸다. 결과
는 다음과 같이 JSON 형식으로 출력된다.

```
{
    "sender_name": "Terry",
    "sender_title": "CTO of Exxon",
    "sender_contact_email": "terrycho@exon.example",
    "sender_contact_phone": "609-123-1234",
    "email_type": "business email",
    "summary": "Invitation to Generative AI Product Showcase at the Exxon office in
Mountain View on December 1, 2025",
    "date": "December 1, 2025 at 10:00 AM"
}
```

코드에서 EmailParser가 출력에 대한 포맷을 정해주는데, BaseModel을 상속 받아서 구
현한다. 여기에는 각 필드들과 각 필드들에 대한 설명이 포함된다.

```
class EmailParser(BaseModel):
    sender_name: str = Field(description="Person who send email")
    sender_title: str = Field(description="Job title of the email sender")
    sender_contact_email:str = Field(description="Email address of the email
```

```
                                                                    sender")
        sender_contact_phone:str = Field(description="Phone number of the email
                                                                    sender")
        email_type:str = Field(description="Type of email,it can be personal email,
                                    business email, spam, newletter,notificaion")
        summary:str = Field(description="Short description of the email in 50 words")
        date:str = Field(description="If this email is meeting inviation, this is
                                            meeting date and time")
```

이렇게 만든 JsonOutputParser 는 모델에서 실행되기 전에 포맷에 대한 요구 사항을 텍스트 프롬프트로 변환하여, 사용자 프롬프트와 합해서 모델에 요청한다. 다음 결과는 앞의 JsonOutputParser가 생성해낸 포맷팅에 대한 프롬프트가 합쳐진 내용이다(강조된 부분이 출력 포맷팅에 대한 부분이다.)

다음과 같이 JSON 결과를 출력하도록 했으며, JSON 포맷에 대한 예제와 각 필드별 설명을 추가하여 프롬프트를 생성하였다.

실행 결과

```
Parse the email .
The output should be formatted as a JSON instance that conforms to the JSON
schema below.

As an example, for the schema {"properties": {"foo": {"title": "Foo", "description":
"a list of strings", "type": "array", "items": {"type": "string"}}}, "required": ["foo"]}
the object {"foo": ["bar", "baz"]} is a well-formatted instance of the schema. The
object {"properties": {"foo": ["bar", "baz"]}} is not well-formatted.

Here is the output schema:
```
{"properties": {"sender_name": {"title": "Sender Name", "description": "Person
who send email", "type": "string"}, "sender_title": {"title": "Sender Title",
"description": "Job title of the email sender", "type": "string"}, "sender_contact_
```
```

```
email": {"title": "Sender Contact Email", "description": "Email address of the email
sender", "type": "string"}, "sender_contact_phone": {"title": "Sender Contact Phone",
"description": "Phone number of the email sender", "type": "string"}, "email_
type": {"title": "Email Type", "description": "Type of email,it can be personal
email, business email, spam, newletter,notificaion", "type": "string"}, "summary":
{"title": "Summary", "description": "Short description of the email in 50 words",
"type": "string"}, "date": {"title": "Date", "description": "If this email is meeting
inviation, this is meeting date and time", "type": "string"}}, "required": ["sender_
name", "sender_title", "sender_contact_email", "sender_contact_phone", "email_type",
"summary", "date"]}
```

Subject: Invitation to Generative AI Product Showcase

Dear [Recipient Name],
: Original prompt
```

예제에서는 가장 많이 사용되는 json 출력 파서를 사용하였지만, 이외에도 Pandas Data-
frame, XML, Enumeration 타입 등 다양한 파서를 지원하고 있으니 용도에 따라서 사용
하면 된다.


# 4.4 메모리(Memory) 컴포넌트

LLM 기반의 챗봇에서는 질문에 대한 답변을 기존의 대화 내용이나 컨텍스트(문맥)를 참
고하는 경우가 많다. 예를 들어, "서울에서 유명한 여행지는 어디야?"라는 질문 후에, "그
근처에 맛있는 식당이 어디 있어?"라고 질문하면 챗봇은 서울의 유명한 여행지를 추천한
```

내용을 기반으로 그 근처의 맛있는 식당을 추천한다. 이렇게 기존 대화 내용을 참고하려면 챗봇이 이전 대화 내용을 알고 있어야 하는데, LLM 모델은 미리 학습이 된 모델로서 대화 내용을 기억할 수 있는 기능이 없고, Stateless 형태로 질문에 대한 답변만을 제공하는데 최적화되어 있다.

그렇다면 LLM 기반의 애플리케이션들은 어떻게 기존의 컨텍스트를 기억할 수 있을까? 이렇게 기존의 컨텍스트를 기억하는 기능이 랭체인에서 메모리(Memory)라는 컴포넌트이다.

기본적인 개념은 다음과 같다.

채팅 애플리케이션에서 질문(Question 1)을 하면 애플리케이션에서 미리 정의되어 있는 프롬프트 템플릿에 질문을 추가하여 LLM에 전달한다. 답변이 나오면 질문(Question 1)과 답변(Answer 1)을 메모리에 저장한다.

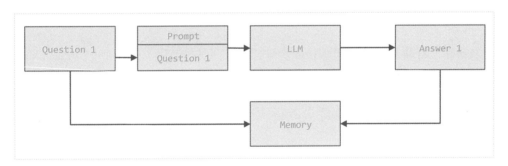

■ 챗봇에서 첫 번째 질문을 했을 때

다음 대화에서 질문이 추가로 들어오면, 메모리에 저장된 기존의 대화 내용(Question 1, Answer 1)을 불러와 프롬프트 템플릿에 컨텍스트 정보로 추가하고, 여기에 새로운 질문(Question 2)을 추가하여 LLM에 전달한다.

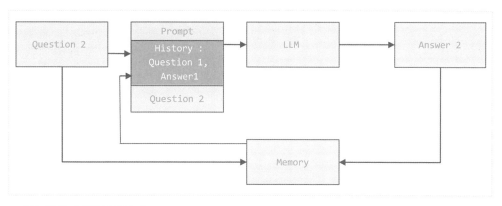

■ 챗봇에서 두 번째 질문을 했을 때

마찬가지로 Question 2, Answer 2를 다시 메모리에 저장한다.

이러한 방식으로 대화 히스토리를 메모리에 저장한 후, 새로운 대화가 시작될 때 기존 대화 내용을 프롬프트 안에 삽입하는 방식을 사용한다. 즉, 대화 히스토리를 기억할 수 있는 양은 LLM이 한 번에 받아들일 수 있는 입력 텍스트 토큰의 길이와 같다. ChatGPT 3.5 Turbo의 경우 16K 토큰, ChatGPT 4.0 Turbo의 경우 128K를 사용할 수 있다.

기본적인 Conversational Buffer Memory부터 다양한 메모리 타입까지 여러 메모리 구성 요소를 활용하여, LLM 기반 애플리케이션의 대화 품질과 사용자 경험을 향상시킬 수 있으므로 이제부터 알아보자.

4.4.1 Conversational Buffer Memory

메모리를 지원하는 컴포넌트는 여러 가지가 있는데, 그중에서 가장 기본적인 ConversationalBufferMemory를 먼저 살펴보자. 다음에 나오는 예제는 Conversational-BufferMemory를 테스트하는 코드이다. ConversationalBufferMemory는 대화 내용을 그대로 저장하는 메모리 형태이다.

이 메모리에 대화 내용(컨택스트)을 저장하기 위해서는 'save_context'를 이용하여, 사람의 질문은 'input'이라는 키로 전달하고, 챗봇의 답변은 'output' 키에 서술한다.

```python
from langchain.memory import ConversationBufferMemory

# ConversationalBufferMemory 생성
memory = ConversationBufferMemory(memory_key='chat_history',return_messages=True)
memory.clear()

# 대화 내용을 메모리에 저장
memory.save_context({"input":"Hello chatbot!"},{"output":"Hello. How can I help
                                                               you?"})
memory.save_context({"input":"My name is Terry"},{"output":"Nice to meet you Terry"})
memory.save_context({"input":"Where is Seoul?"},{"output":"Seoul is in Korea"})

memory.load_memory_variables({})
# returning list of chat message
```

■ ConversationalBufferMemory의 동작 방식

ConversationBufferMemory를 생성할 때 두 가지 옵션을 줄 수 있는 데, 첫 번째는 memory_key, 두 번째는 return_message이다.

ConversationBufferMemory에 저장된 기존의 대화 내용은 결과적으로 프롬프트에 삽입되게 되는데, 프롬프트에 삽입되는 위치를 템플릿 변수로 지정한다. 이때 이 템플릿 변수의 이름이 'memory_key'의 값이 된다.

'return_messages'는 메모리에서 대화 내용을 꺼낼 때 어떤 형식으로 리턴할지 결정하는 옵션이다. return_messages=True로 설정했다면 다음 출력 결과를 HumanMessage, AIMessage 형식의 리스트로 리턴한다. 이 메시지 포맷은 랭체인에서 ChatModel을 사용할 때 사용해야 하는 포맷이다.

```
{'chat_history': [HumanMessage(content='Hello chatbot!'),
  AIMessage(content='Hello. How can I help you?'),
  HumanMessage(content='My name is Terry'),
  AIMessage(content='Nice to meet you Terry'),
  HumanMessage(content='Where is Seoul?'),
  AIMessage(content='Seoul is in Korea')]}
```

반대로 'return_messages=False'로 설정할 경우, 채팅 히스토리를 리스트 형식이 아니라, 다음과 같이 문자열로 리턴한다. 이 문자열 형태는 LLM 모델이 ChatModel을 지원하지 않는 경우에 프롬프트 템플릿에 채팅 히스토리 문자열을 삽입하는 방식으로 기존의 컨 택스트를 유지하는 방식으로 유용하게 사용할 수 있다.

```
{'chat_history': 'Human: Hello chatbot!\nAI: Hello. How can I help you?\nHuman: My
name is Terry\nAI: Nice to meet you Terry\nHuman: Where is Seoul?\nAI: Seoul is in
Korea'}
```

■ 챗봇에서 Conversational Buffer Memory

그러면, CoversationalBufferMemory를 이용해서, 챗봇 서비스를 제공하는 코드를 살펴 보자.

```python
from langchain_openai import ChatOpenAI
from langchain.prompts import (
    ChatPromptTemplate,
    MessagesPlaceholder,
    SystemMessagePromptTemplate,
    HumanMessagePromptTemplate,
)
```

```python
from langchain.chains import LLMChain
from langchain.memory import ConversationBufferMemory
import os

llm = ChatOpenAI(openai_api_key="{YOUR_OPENAI_KEY}")

# 프롬프트 템플릿 정의
prompt = ChatPromptTemplate(
    messages=[
        SystemMessagePromptTemplate.from_template(
            "You are a chatbot having a conversation with a human."
        ),
        MessagesPlaceholder(variable_name="chat_history"),
        HumanMessagePromptTemplate.from_template("{question}")
    ]
)

# ConversationalBufferMemory 생성
memory = ConversationBufferMemory(memory_key="chat_history", return_messages=True)

# LLMChain 생성
conversation = LLMChain(
    llm=llm,
    prompt=prompt,
    verbose=True,
    memory=memory
)

# 체인 호출
conversation.invoke({"question": "hi my name is Terry"})
conversation.invoke({"question": "Can you recommend fun activities for me?"})
conversation.invoke({"question": "What is my name?"})
memory.load_memory_variables({})
```

채팅 애플리케이션이기 때문에, ChatOpenAI로 채팅 모델을 만들고, 채팅에서 사용할 프롬프트 템플릿을 정의한다. 템플릿에는 다음과 같이 SystemMessage로 LLM 모델의 역할을 챗봇이라고 정의했는데, 필요하다면 추가적인 프롬프트를 넣을 수 있다. MessagePlaceholder는 외부로부터 받은 컨텍스트를 프롬프트에 포함시킬 위치를 지정하는데 여기서는 'chat_history'를 키로 사용한다. 이 부분에는 메모리에 저장된 기존의 채팅 히스토리 내용을 삽입한다(이 키 값은 이후에 선언하는 ConversationalBufferMemory의 'memory_key' 값과 일치해야 한다). 마지막으로 HumanMessagePrompt에는 {question}으로 들어온 내용을 삽입하는데, 이는 사용자가 챗봇에게 질의한 내용이 된다.

```python
prompt = ChatPromptTemplate(
    messages=[
        SystemMessagePromptTemplate.from_template(
            "You are a chatbot having a conversation with a human."
        ),
        MessagesPlaceholder(variable_name="chat_history"),
        HumanMessagePromptTemplate.from_template("{question}")
    ]
)
```

프롬프트가 준비되었으면 ConversationalBufferMemory를 생성하고, return_messages=True로 설정하여 메모리의 히스토리를 리턴할 때 챗봇 형태의 리스트 데이터형으로 리턴하도록 한다. ConverationalBufferMemory에서 'memory_key'를 'chat_history'로 설정하여 프롬프트에 'chat_history' 프롬프트 변수가 있는 곳에 채팅 히스토리를 삽입하도록 연결한다.

프롬프트와 메모리가 준비되었으면, LLMChain을 생성하여 LLM 모델, 프롬프트, 메모리를 연결한다. 체인이 완성되었으면 체인의 invoke 메서드를 이용하여 채팅 체인을 호출한다. 이때 인자로는 'question' 키를 사용하여 대화 내용을 전달한다.

LLMChain 생성 시 verbose를 True로 설정해 놓았기 때문에 중간 과정을 다음과 같이 모니터링할 수 있다. 실행 결과는 다음과 같다. 3번의 대화에서 2번째, 3번째 대화 내용은 각각 앞의 대화 내용을 모두 포함하는 것을 확인할 수 있다.

실행 결과

```
> Entering new LLMChain chain...
Prompt after formatting:
System: You are a chatbot having a conversation with a human.
Human: hi my name is Terry


> Finished chain.




> Entering new LLMChain chain...
Prompt after formatting:
System: You are a chatbot having a conversation with a human.
Human: hi my name is Terry
AI: Hello Terry! Nice to meet you. How can I assist you today?
Human: Can you recommend fun activities for me?


> Finished chain.




> Entering new LLMChain chain...
Prompt after formatting:
System: You are a chatbot having a conversation with a human.
Human: hi my name is Terry
AI: Hello Terry! Nice to meet you. How can I assist you today?
Human: Can you recommend fun activities for me?
AI: Of course! I'd be happy to help. Could you let me know a bit more about
your interests and preferences? That way, I can provide you with more tailored
recommendations. Are you looking for indoor or outdoor activities? Do you have any
```

particular hobbies or things you enjoy doing?
Human: What is my name?

> Finished chain.
{'chat_history': [HumanMessage(content='hi my name is Terry'),
  AIMessage(content='Hello Terry! Nice to meet you. How can I assist you today?'),
  HumanMessage(content='Can you recommend fun activities for me?'),
  AIMessage(content="Of course! I'd be happy to help. Could you let me know a bit
more about your interests and preferences? That way, I can provide you with more
tailored recommendations. Are you looking for indoor or outdoor activities? Do you
have any particular hobbies or things you enjoy doing?"),
  HumanMessage(content='What is my name?'),
AIMessage(content='Your name is Terry. You mentioned it at the beginning of our
conversation. Is there anything specific you would like assistance with, Terry?')]}

▪ LLM 모델에서 Conversational Memory 사용

ChatModel이 아닌 일반 LLM 모델에서도 메모리를 사용할 수 있는데, 차이점은 별도로 LLM 용 프롬프트 템플릿을 정의해주고, CoversationBufferMemory에서 return_messages=False로 설정하여 메모리 내의 히스토리를 문자열로 리턴하게 하고, LLMChain이 이 메모리 내용을 프롬프트에 삽입하도록 해주면 된다.

```python
from langchain_openai import OpenAI
from langchain.prompts import PromptTemplate
from langchain.chains import LLMChain
from langchain.memory import ConversationBufferMemory
import os

model = OpenAI(openai_api_key="{YOUR_OPENAI_KEY}"
              ,temperature=0)
```

```python
template = """You are a chatbot having a conversation with a human.

Previous conversation history:
{chat_history}

New human question: {question}
Response:"""
prompt = PromptTemplate.from_template(template)

# ConversationalBufferMemory 생성
memory = ConversationBufferMemory(memory_key="chat_history")

# LLMChain 생성
conversation = LLMChain(
    llm=model,
    prompt=prompt,
    verbose=True,
    memory=memory
)

# 체인 호출
conversation.invoke({"question": "hi my name is Terry"})
conversation.invoke({"question": "Can you recommend fun activities for me?"})
conversation.invoke({"question": "What is my name?"})

# 메모리 변수 로드
memory.load_memory_variables({})
```

프롬프트의 형태는 처음에 챗봇의 역할을 정해주고, 기존 채팅 히스토리가 들어간다는
것을 정의한 후, 채팅 히스토리가 들어갈 곳을 템플릿 변수 {chat_history}로 정의해준다.
이 키 값은 뒤에 ConversationalBufferMemory에서 지정하는 'memory_key'의 값과 일치

해야 연결된다. 마지막으로 사용자 질문이 들어갈 공간을 정의하고 질문을 프롬프트 변수 {question}으로 지정한다.

```
template = """You are a chatbot having a conversation with a human. <-- 챗봇 역할 지정

Previous conversation history: <-- 기존 대화 히스토리임을 설명
{chat_history}

New human question: {question} <-- 새로운 사용자 질문임을 설명
Response:"""
```

프롬프트와 메모리가 준비되었으면 마찬가지로 LLMChain을 이용하여 메모리, 모델, 프롬프트를 연결한 후 체인의 Invoke 명령을 이용하여 모델을 호출한다.

4.4.2 Memory Types

전체 채팅 히스토리를 저장하는 방법도 있지만, 앞에서도 언급했듯이 저장할 수 있는 컨텍스트의 크기는 LLM 모델이 지원하는 컨텍스트 크기에 제한을 받기 때문에, 오래된 히스토리를 저장하기가 어렵다. 최근 개발된 모델들은 많은 히스토리를 컨텍스트로 저장하게 되면 토큰 비용이 많이 부과될 뿐만 아니라, 큰 컨텍스트로 인해서 속도 저하가 발생할 수 있다.

그렇다면 연속되는 채팅 메시지에 의해서 커지는 채팅 히스토리는 어떻게 저장할까? 채팅 메시지에 대한 관리를 위해서 랭체인은 다양한 메모리 타입을 지원한다.

■ Conversation Buffer Window Memory

첫 번째로 살펴볼 메모리 타입은 Conversational Buffer Window Memory이다. 이 타입은

채팅 히스토리를 저장할 때, 최근 K개의 대화만을 저장하도록 지정할 수 있다. 대신 최근 K개 이전의 대화 내용은 사라져 버리지만, 메모리를 관리하는 관점에서 일정한 양만 저장할 수 있기 때문에 효율적이다.

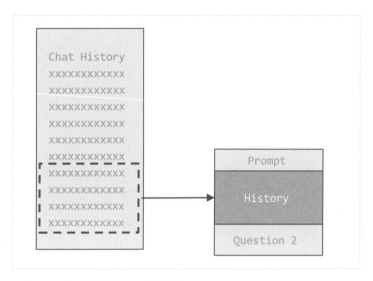

■ Conversation Buffer Memory 개념 구조

사용 방법은 다음 예제 코드와 같은데, 별도로 k 값을 지정한다. 이 k 값은 몇 개의 대화를 (질문과 답변이 하나의 대화) 저장할지를 지정한다. 다음 예제는 2개의 대화만을 저장하도록 지정하였다.

코드 예제

```
from langchain.memory import ConversationBufferWindowMemory

# k는 저장할 대화의 수를 의미함
memory = ConversationBufferWindowMemory( k=2,memory_key='chat_history',return_
messages=True)
memory.clear()
memory.save_context({"input":"Hello chatbot!"},{"output":"Hello. How can I help you?"})
memory.save_context({"input":"My name is Terry"},{"output":"Nice to meet you Terry"})
```

```
memory.save_context({"input":"Where is Seoul?"},{"output":"Seoul is in Korea"})
```

```
memory.load_memory_variables({})
```

다음의 실행 결과를 보면 k=2로 지정했기 때문에 마지막 2개의 대화만 메모리에 저장된 것을 확인할 수 있다.

실행 결과
```
{'chat_history': [HumanMessage(content='My name is Terry'),
  AIMessage(content='Nice to meet you Terry'),
  HumanMessage(content='Where is Seoul?'),
 AIMessage(content='Seoul is in Korea')]}
```

■ **Conversational Summary Memory**

다음 메모리 타입은 Conversational Summary Memory로 기존의 대화 히스토리를 LLM 모델을 이용하여 요약해서 채팅의 히스토리로 사용하는 방법이다.

기존의 전체 대화 내용을 요약하기 때문에, 대화 히스토리가 길어질수록 대략적인 컨텍스트는 기억하지만, 세세한 디테일한 내용이 소실되는 단점을 가지고 있다.

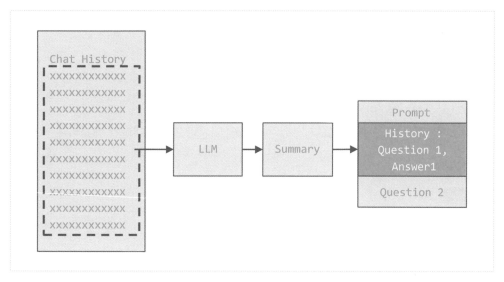

■ ConversationSummaryMemory 개념도

채팅 히스토리에 대한 요약은 LLM을 사용해야 하기 때문에, 다음 코드와 같이 chatGPT 모델을 생성하여 ConversationSummaryMemory 생성자에 인자로 넘긴다.

```
from langchain.memory import ConversationSummaryMemory, ChatMessageHistory
from langchain_openai import OpenAI

model = OpenAI(openai_api_key="{YOUR_OPENAI_KEY}"
                ,temperature=0)

# ConversationSummaryMemory 생성 및 모델 할당
memory = ConversationSummaryMemory( llm = model,return_messages=True)
memory.clear()

# 첫 번째 대화 저장 및 요약 출력
memory.save_context({"input":"Hello chatbot!"},{"output":"Hello. How can I help you?"})
print(memory.load_memory_variables({}))
```

```
# 두 번째 대화 저장 및 요약 출력
memory.save_context({"input":"My name is Terry"},{"output":"Nice to meet you Terry"})
print(memory.load_memory_variables({}))

# 세 번째 대화 저장 및 요약 출력
memory.save_context({"input":"Where is Seoul?"},{"output":"Seoul is in Korea"})
print(memory.load_memory_variables({}))
```

이해를 돕기 위해서 앞의 3대화에 대해 대화가 끝날 때마다 메모리의 내용을 출력하였다.

```
{'history': [SystemMessage(content='\nThe human greets the chatbot and the chatbot
responds by asking how it can assist.')]}
{'history': [SystemMessage(content="\nThe human greets the chatbot and the chatbot
responds by asking how it can assist. The human introduces themselves as Terry and
the chatbot responds by saying it's nice to meet them.")]}
{'history': [SystemMessage(content="\nThe human greets the chatbot and the chatbot
responds by asking how it can assist. The human introduces themselves as Terry and
the chatbot responds by saying it's nice to meet them. The human asks where Seoul
is and the chatbot responds by saying it is in Korea.")]}
```

- 첫 번째 요약은 "사용자가 챗봇에게 인사를 하고, 챗봇이 어떻게 도움을 줄지를 물어본다"로 요약되었다.

- 두 번째 대화에서는 사용자가 이름을 "Terry"라고 말했고, 챗봇은 만나서 반가웠다고 답변했다. 따라서 기존의 대화 요약본에 사용자가 자신을 Terry라고 소개했고 챗봇이 이에 답변한 내용이 추가되었다.

- 세 번째 대화에서는 사용자가 서울의 위치를 물어보았고, 챗봇은 서울이 한국에 있다고 답변하였다. 따라서 기존의 대화 요약본에 사용자가 서울의 위치를 물어봤고, 챗봇이 서울이 한국에 있다고 답변한 내용이 추가되었다.

이처럼 ConversationSummaryMemory는 대화의 주요 내용을 요약하여 저장하며, 이를 통해 대화의 맥락을 유지할 수 있다.

■ **Conversation Buffer Summary Memory**

앞서 살펴본 두 가지 메모리 타입의 장점을 합해 놓은 것이 Conversation Buffer Summary Memory 타입이다. 오래된 히스토리는 요약하고, 오래되지 않은 근래의 대화 내용은 그대로 메모리에 유지하는 방법이다.

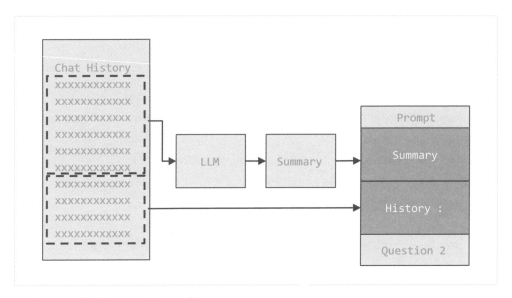

■ Conversation Buffer Summary Memory 개념

다음의 예제 코드를 보면 ConversationSummaryBufferMemory를 만들 때, ConversationSummaryMemory와 같이 LLM 모델을 넣고 'max_token_limit'을 정해 주는데, 이 값은 보유할 수 있는 최근 대화 내용의 토큰 길이이다. 이 길이가 넘어가는 이후의 대화 내용은 요약해서 메모리에 저장한다.

코드 예제

```
from langchain.memory import ConversationSummaryBufferMemory
from langchain_openai import OpenAI


model = OpenAI(openai_api_key="{YOUR_OPENAI_KEY}"
```

```
                    ,temperature=0)

# k는 저장할 대화의 수를 의미함
memory = ConversationSummaryBufferMemory( llm = model,return_messages=True,max_
token_limit=20)
memory.clear()
memory.save_context({"input":"Hello chatbot!"},{"output":"Hello. How can I help
you?"})
memory.save_context({"input":"My name is Terry"},{"output":"Nice to meet you Terry"})
memory.save_context({"input":"Where is Seoul?"},{"output":"Seoul is in Korea"})

memory.load_memory_variables({})
```

기억 가능한 토큰 길이를 20개로 지정했을 때의 출력은 다음과 같다.

```
{'history': [SystemMessage(content='\nThe human greets the chatbot and the chatbot
responds by asking how it can assist. The human introduces themselves as Terry.'),
  AIMessage(content='Nice to meet you Terry'),
  HumanMessage(content='Where is Seoul?'),
  AIMessage(content='Seoul is in Korea')]}
```

결과를 보면, 마지막 두 개의 대화 내용 중 일부만 메모리에 저장되어 있고, 이전의 내용
은 요약해서 저장했음을 확인할 수 있다.

4.5 체인(Chain)

LLM 기반 애플리케이션을 개발할 때, 단 한 번의 LLM 호출로 결과를 낼 수도 있지만, 복잡한 LLM 애플리케이션의 경우, LLM의 출력을 다시 다음 LLM의 입력으로 넣어서 여러 개의 LLM을 연결해 답변을 낼 수도 있다. 입력 프롬프트에 따라 알맞은 LLM이나 프롬프트를 선택하도록 분기할 수 있다.

예를 들어 Python 코드를 생성해주는 LLM에서 API 파이썬 코드를 생성한 후에, 이 코드에 맞는 유닛 테스트 코드를 생성하는 LLM을 호출할 수 있다.

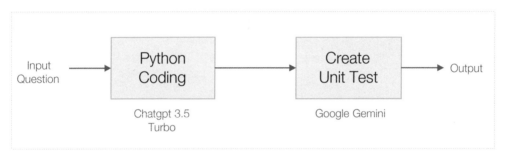

■ 순차적으로 LLM을 호출 하는 구조

다음 그림과 같이 학교 학생의 공부를 도와주는 챗봇에서 질문의 종류에 따라 영어, 과학, 수학 LLM을 선택적으로 호출하는 구조를 예로 들 수 있다.

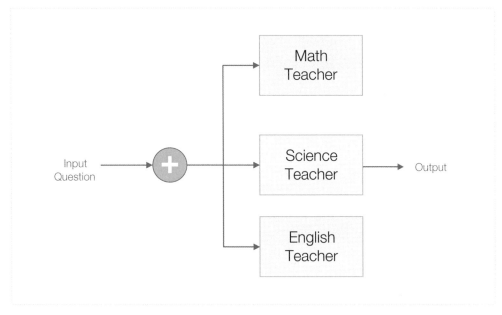

■ 질문에 따라서 다양한 LLM으로 분기하는 구조

이렇게 여러 개의 LLM을 연결하여 LLM 애플리케이션을 개발할 수 있는 기능이 랭체인에서 제공하는 체인(Chain)이라는 컴포넌트이다. 물론 직접 ChatGPT API 등을 사용해이런 복잡한 흐름을 개발할 수 있지만 랭체인의 체인은 이를 쉽게 개발할 수 있도록 추상화된 계층을 제공한다.

이번 절에서는 체인에 대해서 알아보기로 한다.

4.5.1 체인의 기본 개념(LLMChain)

먼저 LLMChain의 개념을 이해해야 한다. LLM Chain은 프롬프트 템플릿과 LLM을 합쳐서 컴포넌트화한 것이다. 즉 입력값으로 문자열을 넣으면 프롬프트 템플릿에 의해서 프롬프트가 자동으로 완성되고, LLM 모델을 호출하여 텍스트 출력을 내주는 기능을 한다. 다음 예제를 보자. 이 예제는 도시 이름을 입력하면 출력으로 그 도시의 유명한 관광지를리턴하는 LLM Chain을 구현한 예이다.

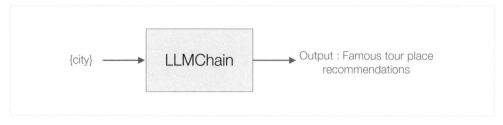

■ 간단한 LLM Chain 개념

```
from langchain.llms import OpenAI
from langchain.prompts import PromptTemplate
from langchain.chains import LLMChain

OPEN_AI_APIKEY="{YOUR_OPENAI_KEY}"
model = OpenAI(openai_api_key=OPEN_AI_APIKEY)

prompt = PromptTemplate.from_template("what is the famous tour place in {city}?")
chain = LLMChain(llm=model, prompt=prompt)
city = "Seoul"
chain.run(city)
```

이 예제에서 LLMChain을 생성할 때 사용할 프롬프트 템플릿과 LLM 모델(chain = LLMChain(llm=model, prompt= prompt))을 지정했다. 'LLMChain'을 호출할 때는 'chain.run(입력변수)'를 이용해서 호출할 수 있다. 다음의 출력 결과는 'seoul'을 입력값으로 넣었을 때의 결과이다.

'One of the most famous tourist attractions in Seoul is Gyeongbokgung Palace. It is a grand palace and the largest of the Five Grand Palaces built by the Joseon Dynasty. Another popular destination is N Seoul Tower, which offers panoramic views of the city. Other notable places to visit include Bukchon Hanok Village, Myeongdong shopping district, Dongdaemun Design Plaza, and the vibrant neighborhood of Hongdae.'

간단히 도시 이름을 입력받아 해당 도시의 유명한 관광지를 반환하는 LLM Chain을 구현해보았다. 이렇게 LLMChain을 이용하면, 다양한 입력값에 따라 자동으로 프롬프트를 생성하고, LLM 모델을 통해 원하는 출력을 쉽게 얻을 수 있다.

4.5.2 Sequential Chain

LLMChain 컴포넌트를 만들었으면, 이제 LLMChain들을 서로 연결하는 방법에 대해 알아보자. 다음 예제는 먼저 도시 이름 {city}를 입력받은 후에, 첫 번째 체인에서 그 도시의 유명한 관광지 이름을 {place}로 출력하도록 한다. 다음 두 번째 체인에서는 관광지 이름 {place}를 첫 번째 체인에서 입력받고, 추가적으로 교통편 {transport}를 입력받아 그 관광지까지 가기 위한 교통편 정보를 최종 출력으로 제공한다.

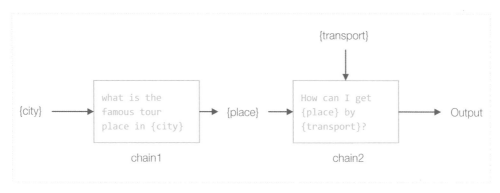

■ 관광지 교통 정보 제공을 위해 LLMChain 두 개를 연결한 구조

이렇게 여러 체인을 순차적으로 연결하게 해주는 컴포넌트가 'SequentialChain'이다. 다음 예제 코드를 살펴보자.

코드 예제

```python
from langchain.llms import OpenAI
from langchain.prompts import PromptTemplate
from langchain.chains import LLMChain
from langchain.chains import SequentialChain

OPEN_AI_APIKEY="{YOUR_OPENAI_KEY}"
model = OpenAI(openai_api_key=OPEN_AI_APIKEY)

prompt1 = PromptTemplate.from_template("what is the famous tour place in {city}? Tell me the name of the place only without additional comments.")
prompt2 = PromptTemplate.from_template("How can I get {place} by {transport}?")

chain1 = LLMChain(llm=model,prompt=prompt1,output_key="place",verbose=True)
chain2 = LLMChain(llm=model,prompt=prompt2,verbose=True)

chain = SequentialChain(chains=[chain1,chain2]
            ,input_variables=["city","transport"],verbose=True)

chain.run({'city':'Seoul','transport':'subway'})
```

먼저 프롬프트와 LLM 모델을 이용하여 LLMChain인 'chain1', 'chain2'를 생성하였다. 이때 실행 과정을 지켜보기 위해 verbose=True로 설정하였다. 'chain1' 생성 시에 output_ key를 명시적으로 "place"로 지정한 것을 볼 수 있는데, 이는 두 번째 'chain2'에서 'chain1'의 출력(output)을 입력으로 받아 프롬프트 내에서 지정하기 위해서이다.

'chain2'의 프롬프트를 보면 "How can I get {place} by {transport}?"와 같이 'chain1'의 출력인 {place}와 애플리케이션에서 추가로 입력받은 {transport}을 입력 변수로 사용

한 것을 확인할 수 있다.

다음으로 이 'chain1'과 'chain2'를 순차적으로 연결해야 하는데, 여기서 SequentialChain 을 사용한다.

```
chain = SequentialChain(chains=[chain1,chain2]
                ,input_variables=["city","transport"],verbose=True)
```

chains를 이용하여 'chain1'과 'chain2'를 사용함을 명시하고, 입력 변수는 "city"와 "transport" 를 애플리케이션을 통해 입력 받음을 명시한다. 마지막으로 chain.run을 통해 'Sequential-Chain'을 실행하는데, 두 개의 입력 변수가 필요하기 때문에, 딕셔너리를 통해서 "city"와 "transport"를 각각 'seoul'과 'subway'로 전달하였다.

다음은 실행 결과이다. 첫 번째로 'SequentialChain'에 진입한 것을 확인할 수 있고, 다음 'chain1'에서 "what is the famous tour place in Seoul?" 프롬프트를 통하여 서울의 유명 관광지를 질의하였다. 두 번째 'chain2'에서는 'chain1'의 결과인 "Gyeongbok-gung(경복궁)"과 애플리케이션에서 입력받은 'subway'를 이용하여 "How can I get Gyeongbokgung Palace by subway?" 프롬프트를 생성하여 질의하고 최종 결과를 출력한 것을 확인할 수 있다.

실행 결과

> Entering new SequentialChain chain... #SequentialChain 진입

> Entering new LLMChain chain... # 첫번째 LLM Chain 호출
Prompt after formatting:
what is the famous tour place in Seoul? Tell me the name of the place only without additional comments.

> Finished chain.

```
> Entering new LLMChain chain... # 두번째 LLM Chain 호출
Prompt after formatting:
How can I get
Gyeongbokgung Palace by subway?

> Finished chain.

> Finished chain. # SequentialChain 종료 및 최종 결과 출력
[38]:
'₩n₩nTo get to Gyeongbokgung Palace by subway, you can take Line 3 to Gyeongbokgung
Station (Exit 5). From there, it is a short walk to the palace entrance.'
```

이처럼 SequentialChain을 사용하면 여러 개의 LLMChain을 순차적으로 연결하여 복잡한 LLM 애플리케이션을 쉽게 개발할 수 있다.

4.5.3 Advanced Sequential Chain

앞의 예제에서는 간단하게 순차적인 LLMChain을 통해 기본적인 워크플로우를 구현해 보았다. 그러나 SequentialChain은 단순한 순차적 실행뿐만 아니라, 병렬로 LLM 호출을 하는 등의 더 복잡한 흐름도 구현할 수 있다. 이번 예제에서는 조금 더 발전된 체인의 구조를 살펴보자.

다음 예제는 도시명 {city}와 교통편 {transport}를 입력하면, 유명 관광지를 추천하고 그곳까지 도착하기 위한 교통편과 식당에 대한 정보를 출력하는 체인의 구조이다.

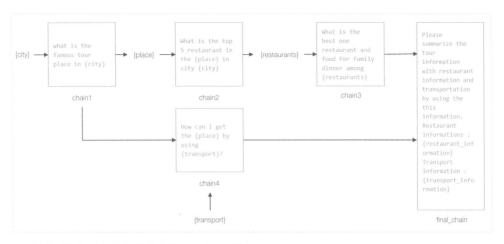

■ 관광지 교통 정보와 식당 정보를 출력하는 LLMChain 흐름

예제 코드를 살펴보기 전에, 먼저 흐름을 살펴보자.

1. 애플리케이션에서 도시명 {city}와 교통편 {transport)를 입력받는다.

2. 'chain1'에서는 도시에서 유명한 관광지를 추천 받아 {place}로 리턴한다.

3. 'chain2'에서는 'chain1'의 출력값인 관광지 {place}를 기반으로 근처에 레스토랑 5개를 추천받는다.

4. 'chain3'에서는 'chain2'에서 추천받은 5개의 레스토랑 중에서 패밀리 디너로 좋은 음식을 추천받는다.

5. 'chain4'에서는 'chain1'의 관광지 장소로 가기 위한 경로를 애플리케이션에서 입력받은 교통편{transport} 기반으로 추천받는다.

6. 마지막으로 'final_prompt'에서는 'chain3'과 'chain4'의 출력값을 합쳐서 관광지 주변의 레스토랑의 추천 음식과 교통편 정보를 함께 출력한다.

다음 예제 코드를 보자.

코드 예제

```
from langchain.llms import OpenAI
from langchain.prompts import PromptTemplate
```

```python
from langchain.chains import LLMChain
from langchain.chains import SequentialChain

OPEN_AI_APIKEY="{YOUR_OPENAI_KEY}"
model = OpenAI(openai_api_key=OPEN_AI_APIKEY)

prompt1 = PromptTemplate.from_template("what is the famous tour place in {city}? Tell
me the name of the place only without additional comments.")
prompt2 = PromptTemplate.from_template("What is the top 5 restaurant in the {place} in
city {city} without additional comments?") #output : restaurants
prompt3 = PromptTemplate.from_template("What is the best one restaurant and food for
family dinner among {restaurants} ?") #output : restaurant_information
prompt4 = PromptTemplate.from_template("How can I get the {place} by using
{transport}?") #output : transport_information
final_prompt = PromptTemplate.from_template("""
Please summarize the tour information with reastaurant information and transportation
by using the this information.
Restaurant informations : {restaurant_information}
Transport information : {transport_information}
""")


chain1 = LLMChain(llm=model,prompt=prompt1,output_key="place",verbose=True)
chain2 = LLMChain(llm=model,prompt=prompt2,output_key="restaurants",verbose=True)
chain3 = LLMChain(llm=model,prompt=prompt3,output_key="restaurant_
information",verbose=True)
chain4 = LLMChain(llm=model,prompt=prompt4,output_key="transport_
information",verbose=True)
final_chain = LLMChain(llm=model,prompt=final_prompt,output_key="tour_
summary",verbose=True)

chain = SequentialChain(chains=[chain1,chain2,chain3,chain4,final_chain]
                ,input_variables=["city","transport"],verbose=True)
```

```
chain.run({'city':'Seoul','transport':'subway'})
```

앞의 예제에 비해 LLMChain의 수만 늘어난 것을 확인할 수 있다. 그런데 chains에서 입력값은 'chains=[chain1,chain2,chain3,chain4,final_chain]' 과 같은데, chain1에서 chain2와 chain4로 분기하고 chain3과 chain4의 출력값을 final_chain으로 모으는 흐름은 어떻게 표현했을까? 답은 'output_key'와 템플릿에 있다.

chain1의 출력값 키는 {place}가 된다. 이 {place}는 chain2와 chain4의 프롬프트에서 다음과 같이 입력값으로 사용된다.

```
prompt2 = PromptTemplate.from_template("What is the top 5 restaurant in the {place}
in city {city} without additional comments?")

prompt4 = PromptTemplate.from_template("How can I get the {place} by using
{transport}?")
```

마찬가지로, 'chain3'과 'chain 4'의 출력이 'final_chain'으로 합쳐지는 것도 다음의 코드와 같이 'chain3'의 출력 키는 "restaurant_information"이며 'chain4'의 출력 키는 "transport_information"이다.

```
chain3 = LLMChain(llm=model,prompt=prompt3,output_key="restaurant_information",verbose=True)
chain4 = LLMChain(llm=model,prompt=prompt4,output_key="transport_information",verbose=True)
```

앞의 두 출력값은 다음 final_chain의 프롬프트에서 입력 변수로 사용되었다.

```
final_prompt = PromptTemplate.from_template("""
```

```
Please summarize the tour information with reastaurant information and transportation
by using the this information.
Restaurant informations : {restaurant_information}
Transport information : {transport_information}
""")
```

다음은 최종 출력 결과이다. Chain의 실행 과정을 모니터링 하기 위해서 SequentialChain
과 LLMChain에 모두 'verbose=True' 옵션을 설정하였다.

> Entering new SequentialChain chain... # SequentialChain 진입

> Entering new LLMChain chain... #Chain1 진입
Prompt after formatting:
what is the famous tour place in Seoul? Tell me the name of the place only without
additional comments.

> Finished chain.

> Entering new LLMChain chain... #Chain2 진입
Prompt after formatting:
What is the top 5 restaurant in the

Gyeongbokgung Palace in city Seoul without additional comments?

> Finished chain.

> Entering new LLMChain chain... #Chain3 진입
Prompt after formatting:
What is the best one restaurant and food for family dinner among

1. HwaDongJang (화동장)

2. Tosokchon Samgyetang (토속촌 삼계탕)

3. Gyeongbokgung Palace Korean Restaurant (경복궁 한정식당)

4. Jaha Son Mandu (자하손만두)

5. Gaehwaok (개화옥) ?

> Finished chain.

> Entering new LLMChain chain... #Chain4 진입

Prompt after formatting:

How can I get the

Gyeongbokgung Palace by using subway?

> Finished chain.

> Entering new LLMChain chain... #Final_Chain 진입

Prompt after formatting:

Human:

Please summarize the tour information with reastaurant information and transportation by using the this information.

Restaurant informations :

It ultimately depends on personal preferences, but Gyeongbokgung Palace Korean Restaurant (경복궁 한정식당) would be a great option for a family dinner. It offers traditional Korean cuisine in a beautiful setting, perfect for a special occasion or family gathering. The menu is also diverse, catering to different tastes and dietary restrictions. Additionally, the restaurant is located near the famous Gyeongbokgung Palace, providing a unique cultural experience for the whole family.

Transport information : To get to Gyeongbokgung Palace by subway, you can take the Seoul Subway Line 3 to Gyeongbokgung Station (Exit 5). From there, it is a short walk to the palace entrance. Alternatively, you can take the Seoul Subway Line 5 to Gwanghwamun Station (Exit 2) and walk to the palace. Both stations are within walking distance to the palace and have clear signs in English to guide you. You can also use

a navigation app on your phone to find the best route from your current location to
Gyeongbokgung Palace.

> Finished chain.

> Finished chain.
최종 결과
' \nThe recommended restaurant for a family dinner is Gyeongbokgung Palace Korean
Restaurant, which offers traditional Korean cuisine and is located near the famous
Gyeongbokgung Palace. For transportation, you can take the Seoul Subway Line 3 or Line
5 to either Gyeongbokgung Station (Exit 5) or Gwanghwamun Station (Exit 2) and walk to the
palace. Navigation apps are also available to help you find the best route.'

이 예제에서 본 것처럼 SequentialChain을 사용하면 여러 개의 LLMChain을 복잡한 구
조로 연결하여 다양한 정보를 순차적으로 또는 병렬로 처리하는 애플리케이션을 쉽게 개
발할 수 있다.

4.5.4 Router Chain

지금까지는 순차적으로 LLMChain을 실행하는 방법에 대해서 알아보았다. 이번에는 입
력값에 따라 체인을 선택해서 분기하는 RouterChain에 대해서 알아보겠다. 이 시나리오
에서는 여행 챗봇에서 레스토랑 정보, 교통편 정보, 여행지 정보에 대한 LLM 모델 3개를
LLMChain으로 만들어 놓고, 질문의 종류에 따라 적절한 LLMChain으로 라우팅하는
방법을 다루는 시나리오이다.

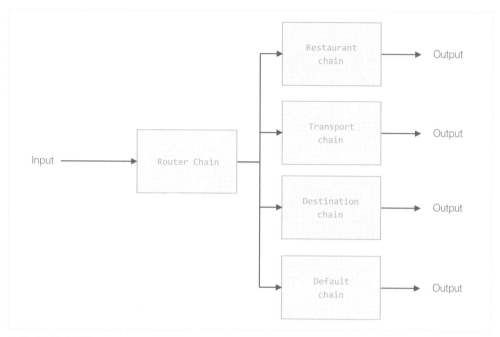

■ Router Chain 개념

만약에 적절한 LLMChain이 없는 경우, 예를 들어 여행 정보가 아니라 전혀 관계없는 질문이 들어올 경우에는 앞에 언급한 3가지 LLMChain이 아니라 Default Chain을 사용하도록 구현한다.

이제 예제 코드를 보자.

코드 예제

```
from langchain.chains.router import MultiPromptChain
from langchain.chains.router.llm_router import LLMRouterChain,RouterOutputParser
from langchain.prompts import PromptTemplate
from langchain.chains.router.multi_prompt_prompt import MULTI_PROMPT_ROUTER_TEMPLATE
from langchain.chains import LLMChain
from langchain.llms import OpenAI


OPEN_AI_APIKEY="{YOUR_OPENAI_KEY}"
```

```
model = OpenAI(openai_api_key=OPEN_AI_APIKEY)


restaurant_template = """
You are a tourist guide. You know many good restaurants around the tourist
destination.
You can recommend good foods and restaurants.
Here is a question:
{input}
"""


transport_template = """
You are a tourist guide. You have a lot of knowledge in public transportation.
You can provide information about public transportation to help tourists get to the
tourist destination.
Here is a question:
{input}
"""


destination_template = """
You are a tourist guide. You know many good tourist places.
You can recommend good tourist places to the tourists.
Here is a question:
{input}
"""


prompt_infos = [
    {
        "name":"restaurants",
        "description":"Good for recommending restaurants around the tourist
                                                    destinations",
        "prompt_template": restaurant_template
    },
    {
```

```
    "name":"transport",
    "description":"Good for guiding the transport to get the place",
    "prompt_template": transport_template
  },
  {
    "name":"destination",
    "description":"Good for recommending place to tour",
    "prompt_template": destination_template
  }
]


destination_chains = {}
for prompt_info in prompt_infos:
    name = prompt_info["name"]
    prompt = PromptTemplate.from_template(prompt_info["prompt_template"])
    chain = LLMChain(llm = model, prompt=prompt,verbose=True)
    destination_chains[name] = chain
default_prompt = PromptTemplate.from_template("{input}")
default_chain = LLMChain(llm=model, prompt=default_prompt)


destinations = [f"{p['name']}: {p['description']}" for p in prompt_infos]
destinations_str = "\n".join(destinations)


router_template = MULTI_PROMPT_ROUTER_TEMPLATE.format(
    destinations=destinations_str
)
#print(router_template)
router_prompt = PromptTemplate(
    template=router_template,
    input_variables=["input"],
    output_parser=RouterOutputParser( ),
)
```

```
router_chain = LLMRouterChain.from_llm(model, router_prompt)


chain = MultiPromptChain(router_chain=router_chain,
            destination_chains=destination_chains,
            default_chain=default_chain, verbose=True
            )

chain.run("What is best restaurant in Seoul?")
```

먼저 앞의 시나리오에서 이야기 한 restaurant chain, transport chain, destination chain 3개를 생성한다. 생성된 chain은 'destination_chains'라는 이름의 딕셔너리에 저장된다. 그리고 default_chain을 생성한다. default_chain은 별도의 프롬프트 없이 입력된 input을 그대로 LLM에 저장하도록 한다.

```
for prompt_info in prompt_infos:
    name = prompt_info["name"]
    prompt = PromptTemplate.from_template(prompt_info["prompt_template"])
    chain = LLMChain(llm = model, prompt=prompt,verbose=True)
    destination_chains[name] = chain
default_prompt = PromptTemplate.from_template("{input}")
default_chain = LLMChain(llm=model, prompt=default_prompt)
```

default_chain을 포함하여 총 4개의 LLMChain을 생성하였다. 이 4개의 LLMChain 중 어느 체인을 사용할 것인지를 판단하는 RouterChain을 만들어야 한다. RouterChain은 미리 랭체인에서 정의되어 있는 MULTI_PROMPT_ROUTER_TEMPLATE 프롬프트를 이용하여 생성한다. 이때 포맷팅으로 'destination_str'을 전달한다.

```
router_template = MULTI_PROMPT_ROUTER_TEMPLATE.format(
    destinations=destinations_str
)
```

destination_str의 내용은 다음과 같다.

```
"restaurants: Good for recommending restaurants around the tourist
destinations
transport: Good for guiding the transport to get the place
destination: Good for recommending place to tour
"
```

앞에서 restaurant, transport, destination LLMChain을 만들기 위한 정보를 'prompt_infos' 리스트에 저장했는데, prompt_infos 리스트에는 각 LLMChain을 만들기 위한 이름과 PromptTemplate 객체 정보가 있고, LLMChain에 대한 설명을 description에 저장해 놓았다. destination_str은 "LLMChain이름: LLMChain의 설명"으로 된 문자열로, RouterChain은 들어온 질문에 대해 어떤 LLMChain을 사용할지를 이 description을 보고 결정한다(LLM 모델이 질문과 description을 보고 적절한 LLMChain을 찾도록 MULTI_PROMPT_ROUTER_TEMPLATE에 프롬프트로 정의 되어 있다).

정리하자면 RouterChain은 각 LLMChain에 대한 설명(description)을 기반으로 입력된 질문에 적합한 LLMChain을 선택하는 역할을 한다.

RouterChain을 생성했으면, 이 RouterChain을 다른 LLMChain들과 연결해야 하는데, 이 역할을 하는 것이 MultiPromptChain이다. 다음의 코드와 같이 MultiPromptChain은 분기에 대한 의사 결정을 할 Routerchain과 분기의 목적지가 되는 destinaiton_chains를 인자로 받고, 적절한 LLMChain이 없을 경우 선택이 되는 default_chain을 인자로 받는다.

```
chain = MultiPromptChain(router_chain=router_chain,
```

```
        destination_chains=destination_chains,
        default_chain=default_chain, verbose=True
        )
```

완성된 코드를 실행하면 다음과 같은 결과를 얻을 수 있다. 질문이 " What is best restaurant in Seoul?" 이기 때문에 RouterChain은 식당 관련 LLMChain인 restaurant chain을 선택하게 된다.

> You are a tourist guide. You know many good restaurants around the tourist destination.
> You can recommend good foods and restaurants.
> Here is a question:
> What is best restaurant in Seoul?

Restaurant chain의 프롬프트가 앞의 내용과 같이 선택되어 다음과 같이 실행되는 것을 확인할 수 있다.

```
> Entering new MultiPromptChain chain...

/Users/terrycho/anaconda3/lib/python3.11/site-packages/langchain/chains/llm.py:316:
UserWarning: The predict_and_parse method is deprecated, instead pass an output
parser directly to LLMChain.
 warnings.warn(

restaurants: {'input': 'What is best restaurant in Seoul?'}

> Entering new LLMChain chain...
Prompt after formatting:
```

You are a tourist guide. You know many good restaurants around the tourist destination.
You can recommend good foods and restaurants.
Here is a question:
What is best restaurant in Seoul?

> Finished chain.

> Finished chain.

'₩nThere are many great restaurants in Seoul, but one that consistently stands out is Jungsik. This Michelin-starred restaurant offers a modern take on traditional Korean cuisine, with dishes that are both visually stunning and incredibly delicious. Their tasting menu is a must-try, featuring a variety of unique and creative dishes that showcase the best of Korean flavors. The service and atmosphere at Jungsik are also top-notch, making it a memorable dining experience for any tourist visiting Seoul. Be sure to make a reservation in advance, as this restaurant is very popular among locals and tourists alike.

이처럼 RouterChain과 MultiPromptChain을 사용하면 입력된 질문에 따라 적절한 LLMChain을 선택하고, 분기하여 다양한 요구사항을 처리할 수 있는 애플리케이션을 쉽게 개발할 수 있다.

4.5.5 LCEL(LangChain Expression Language)

앞에서 소개한 체인은 개념적으로는 훌륭하지만, 코드의 양이 다소 많아지고 병렬 처리나 비동기 처리, 스트리밍 같은 고급 기능을 구현하기 어렵다. 이런 한계를 극복하기 위해 2023년 8월에 LangChain Expression Language(이하 LCEL)이 개발되었다.

LCEL은 체인의 기능을 대처하는 컴포넌트로 병렬, 비동기, 스트리밍 같은 고급 워크플로우 처리에서 부터 장애 처리 기능인 FallBack이나 Retry를 지원한다. 또한, 추후에 소개할 랭체인 모니터링/평가 솔루션인 LangSmith와 쉽게 연동이 된다. 이번 절에서는 앞에서 구현한 LLMChain, Sequential Chain, Advanced Sequential Chain, 그리고 Router Chain을 LCEL로 구현하여 LCEL에 대해 알아보고 기존 체인과의 차이점을 이해해본다. 2024년 1월 현재, 앞에서 소개한 체인은 아직 그대로 지원이 되고 있다. LCEL은 소개가 된지 조금 되었지만 세부 컴포넌트들의 기능이 아직 기존 체인에 비해 부족하지만, 계속 지원되고 있으며 체인의 경우 코딩 형식이 LCEL에 비해서 함수(function)를 이용하는 전통적인 방식이므로 개발자의 취향에 따라서 이해하기 편리할 수 있다.

■ LLMChain

앞에서 구현한 LLMChain을 LCEL로 포팅해보면 다음과 같다.

```python
from langchain.llms import OpenAI
from langchain.prompts import PromptTemplate
from langchain.chains import LLMChain

OPEN_AI_APIKEY="{YOUR_OPENAI_KEY}"
model = OpenAI(openai_api_key=OPEN_AI_APIKEY)

prompt = PromptTemplate.from_template("what is the famous tour place in {city}?")
chain = prompt | model
city = "Seoul"
chain.invoke({"city":city})
```

다음과 같은 기존의 체인 코드를 다음과 같이 변경하였다.

```
chain = LLMChain(llm=model, prompt=prompt)
```

```
chain = prompt | model
```

'프롬프트'를 '모델'에 전달한다는 의미로 '|'(파이프)를 이용하여 표현하였기 때문에 직관적이다.

◾ Sequential Chain

조금 더 복잡한 코드를 보자. 다음 예제는 앞의 Sequential Chain의 예제를 그대로 LCEL로 포팅한 예제인데, 'chain1'의 출력을 'chain2'의 입력으로 사용해서 결과를 생성하는 예제이다.

코드 예제

```
# Sequential Chain with LCEL
from operator import itemgetter

from langchain.chat_models import ChatOpenAI
from langchain.prompts import PromptTemplate
from langchain.schema import StrOutputParser

OPEN_AI_APIKEY="{YOUR_OPENAI_KEY}"
model = ChatOpenAI(openai_api_key=OPEN_AI_APIKEY)

prompt1 = PromptTemplate.from_template("what is the famous tour place in {city}? Tell
                        me the name of the place only without additional comments.")
prompt2 = PromptTemplate.from_template("How can I get {place} by {transport}?")

chain1 = prompt1 | model
chain2 = prompt2 | model
```

```
chain = {"place":chain1,"transport":itemgetter("transport")} | chain2
output = chain.invoke({"city": "Seoul", "transport": "subway"})
print(output)
```

chain1과 chain2를 생성한 후에, chain1, chain2를 연결하도록 chain을 생성하였다.

```
chain = {"place":chain1,"transport":itemgetter("transport")} | chain2
```

chain2의 입력으로 {"place":chain1,"transport":itemgetter("transport")}를 사용했는데, place 변수는 chain1의 출력값을 사용한 것이고, transport 값을 itemgetter를 이용하여 애플리케이션으로 부터 받아왔다. 앞에서부터 순차적으로 실행되기 때문에, chain2의 입력 전에 "place":chain1부분에서 chain1이 실행되고, 그 결과와 함께 place와 transport가 chain2의 입력으로 전달되어 chain2가 실행되게 된다.

■ **Advanced Sequential Chain**

병렬 실행을 포함하는 조금 더 복잡한 흐름을 구현해 보면 다음과 같다. 다음에 나오는 코드는 앞의 체인을 이용하여 Advanced Sequential Chain 예제를 LCEL로 포팅한 예제 이다. 호출 흐름이 복잡하기 때문에, chain 간의 호출 구조를 도식화 해보면 다음과 같다.

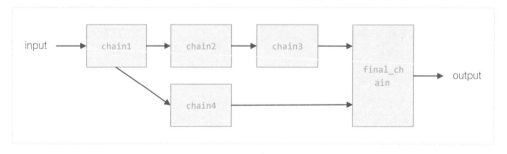

■ 예제의 Chain 간 호출 구조

162

```
from operator import itemgetter
from langchain.llms import OpenAI
from langchain.prompts import PromptTemplate
from langchain.chains import LLMChain
from langchain.chains import SequentialChain
from langchain.schema import StrOutputParser


OPEN_AI_APIKEY="{YOUR_OPENAI_KEY}"
model = OpenAI(openai_api_key=OPEN_AI_APIKEY)


prompt1 = PromptTemplate.from_template("what is the famous tour place in {city}? Tell
                      me the name of the place only without additional comments.")
prompt2 = PromptTemplate.from_template("What is the top 5 restaurant in the {place} in
                      city {city} without additional comments?") #output : restaurants
prompt3 = PromptTemplate.from_template("What is the best one restaurant and food for
                family dinner among {restaurants} ?") #output : restaurant_information
prompt4 = PromptTemplate.from_template("How can I get the {place} by using
                                       {transport}?") #output : transport_information
final_prompt = PromptTemplate.from_template("""
Please summarize the tour information with restaurant information and transportation
by using the this information.
Restaurant informations : {restaurant_information}
Transport information : {transport_information}
""")


chain1 = {"city":itemgetter("city")} | prompt1 | model | StrOutputParser( )
chain2 = {"place":chain1,"city":itemgetter("city")} | prompt2 | model | StrOutputParser( )
chain3 = {"restaurants":chain2} | prompt3 | model |StrOutputParser( )
chain4 = {"place":chain1,"transport":itemgetter("transport")} | prompt4 | model |
StrOutputParser( )
final_chain = { "restaurant_information":chain3 , "transport_information":chain4 } |
final_prompt | model | StrOutputParser( )
```

```
output = final_chain.invoke({"city": "Seoul", "transport": "subway"})

print(output)
```

코드의 대부분은 앞의 예제와 동일하다. 차이가 있는 부분은 다음 코드이다.

```
chain1 = {"city":itemgetter("city")} | prompt1 | model | StrOutputParser( )
chain2 = {"place":chain1,"city":itemgetter("city")} | prompt2 | model | StrOutputParser( )
chain3 = {"restaurants":chain2} | prompt3 | model |StrOutputParser( )
chain4 = {"place":chain1,"transport":itemgetter("transport")} | prompt4 | model |
StrOutputParser( )
final_chain = { "restaurant_information":chain3 , "transport_information":chain4 } |
final_prompt | model | StrOutputParser( )
```

- chain1은 애플리케이션으로 부터 "city" 값을 입력받는다.
- chain2는 chain1의 출력값을 "place"로 입력값으로 사용하고, 애플리케이션에서 입력받은 "city"값을 입력값으로 함께 사용한다.
- chain3는 chain2의 출력값을 "restaurants"로 입력값으로 사용한다.
- chain4의 chain1의 출력값을 "place"로 입력값으로 사용하고, 애플리케이션에서 "transport" 값을 입력받아 함께 사용한다.
- 마지막으로 final_chain은 chain3의 출력값을 "restaurant_information"이라는 키로 입력값으로 사용하고, chain4의 출력값을 "transport_information"이라는 키로 입력값으로 사용하여 LLM을 통해서 결과를 추출한다.

■ Router Chain

마지막으로 입력된 질문에 따라서 분기가 가능한 RouterChain을 LCEL로 어떻게 구현하는지에 대해서 알아보자. 앞의 체인 예제에서는 들어온 질문에 대해서 어떤 체인을 사용할 것인지 자동으로 선택해주는 LLMRouterChain이 있었지만, LCEL에서는 이러한 기능을 지원하지 않기 때문에, 어떤 체인을 사용할지를 결정하는 체인을 직접 구현해야 한다. 그런 후, RunnableBranch를 이용하여 해당 체인으로 라우팅하도록 한다.

```python
from langchain.prompts import PromptTemplate
from langchain.chains import LLMChain
from langchain.llms import OpenAI
from operator import itemgetter
from langchain.schema import StrOutputParser
from langchain_core.runnables import RunnableBranch


OPEN_AI_APIKEY="{YOUR_OPENAI_KEY}"
model = OpenAI(openai_api_key=OPEN_AI_APIKEY)


restaurant_template = """
You are a tourist guide. You know many good restaurants around the tourist
destination.
You can recommend good foods and restaurants.
Here is a question:
{input}
"""


transport_template = """
You are a tourist guide. You have a lot of knowledge in public transportation.
You can provide information about public transportation to help tourists get to the
tourist destination.
Here is a question:
{input}
"""


destination_template = """
You are a tourist guide. You know many good tourist places.
You can recommend good tourist places to the tourists.
```

```python
Here is a question:
{input}
"""

prompt_infos = [
    {
        "name":"restaurants",
        "description":"Good for recommending restaurants around the tourist
                                                    destinations",
        "prompt_template": restaurant_template
    },
    {
        "name":"transport",
        "description":"Good for guiding the transport to get the place",
        "prompt_template": transport_template
    },
    {
        "name":"destination",
        "description":"Good for recommending place to tour",
        "prompt_template": destination_template
    }
]

destination_chains = {}
for prompt_info in prompt_infos:
    name = prompt_info["name"]
    prompt = PromptTemplate.from_template(prompt_info["prompt_template"])
    chain = LLMChain(llm = model, prompt=prompt,verbose=True)
    destination_chains[name] = chain

destinations = [f"{p['name']}: {p['description']}" for p in prompt_infos]
destinations_str = "\n".join(destinations)
```

```
default_prompt = PromptTemplate.from_template("{input}")
default_chain = LLMChain(llm=model, prompt=default_prompt)

router_prompt = PromptTemplate(template="""
For the given question, refer to the explanations for the following categories below
and select the appropriate category.
If there is no suitable category, return the string "default".
The output should be single word

Categories are composed of strings in the format "Category: Description", and the
categories are as follows:
{destinations_str}

Question:
{input}
""",input_variables=["input"],partial_variables={"destinations_str":destinations_str})

router_chain = {"input":itemgetter("input")} |router_prompt | model | StrOutputParser( )

branch = RunnableBranch(
    *(
        (lambda x, name=prompt_info["name"], chain=destination_chains[name]: name in
                                    x['destination'].replace("\n", ""), chain)
        for prompt_info in prompt_infos
    ),
    default_chain
)

full_chain = {"input":itemgetter("input"),"destination":router_chain} | branch

input = "What is best restaurant in Seoul?"
output = full_chain.invoke({"input":input})
```

```
print(output['text'])
```

초반의 코드는 앞의 Router Chain 예제와 동일하다. router_chain과 branch 부분이 추가되었는데, 코드를 보기 전에 구조를 살펴보자.

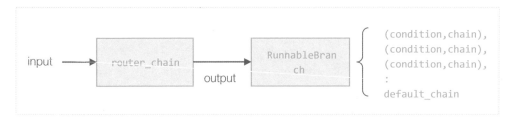

■ Router chain 구조

router_chain은 입력된 질문에 따라서 어떤 체인을 선택하면 좋은지를 description 정보를 이용하여 LLM 모델이 결정해서 chain 이름을 리턴하도록 한다. 다음은 router_chain의 코드이다.

```
router_prompt = PromptTemplate(template="{중략}",input_variables=["input"],partial_
variables={"destinations_str":destinations_str})

router_chain = {"input":itemgetter("input")} |router_prompt | model |
StrOutputParser( )
```

input으로 입력받은 내용을 router_prompt를 이용하여 LLM 모델로부터 결과를 받아 내는 부분인데, 'destination_str'을 프롬프트 인자로 넘겼다. destination_str은 아래 프롬프트에서 굵은 글씨로 표현된 부분인데, restaurant, transport, destination chain에 대한 description을 포함해서 프롬프트에 삽입하고 LLM으로 하여금, 이 정보를 바탕으로 적절한 chain 이름(Category)를 리턴하도록 가이드하였다.

참고로 'destinations_str'을 번거롭게 prompt_infos 리스트를 통해서 생성하지 않고, 하드코딩으로 직접 프롬프트 내에 넣어도 된다. 그러나 대상 chain이 많을 경우 하드코딩을 통해서는 관리가 어렵기 때문에, 이 예제에서는 prompts_infos 리스트를 사용하여 자유롭게 chain을 추가할 수 있도록 하였다.

For the given question, refer to the explanations for the following categories below and select the appropriate category.
If there is no suitable category, return the string "default".
The output should be single word

Categories are composed of strings in the format "Category: Description", and the categories are as follows:
restaurants: Good for recommending restaurants around the tourist destinations
transport: Good for guiding the transport to get the place
destination: Good for recommending place to tour

Question:
{input}

이 프롬프트를 사용하게 되면 결괏값은 restaurant, transport,destination 셋 중 하나의 값이 나오게 된다.

이 값을 RunnableBranch에 전달하여 앞에서 선택된 이름을 기반으로 chain을 호출하도록 한다.

실행 결과

```
branch = RunnableBranch(
    *(
        (lambda x, name=prompt_info["name"], chain=destination_chains[name]: name in
```

```
                                        x['destination'].replace("\n", ""), chain)
        for prompt_info in prompt_infos
    ),
    default_chain
)
```

Splat 오퍼레이트를 사용해서 약간 복잡하기는 하지만, "destination"이라는 이름으로 입력된 값이 "restaurant"이면 destination_chain["restaurant"]를 실행하도록 한다, 같은 방법으로 prompt_infos에 저장된 "transport", "destination"도 for 루프를 돌면서 같은 방식으로 비교하여, 일치하는 문자열이 있으면 그 이름의 체인을 수행하도록 한 것이다.

RunnableBranch를 branch라는 이름으로 생성했으면 앞에서 생성한 router_chain과 서로 연결하도록 하자.

```
full_chain = {"input":itemgetter("input"),"destination":router_chain} | branch
```

full_chain을 만들어서 'router_chain'을 호출하고 router_chain의 출력값을 "destination"이라는 이름의 입력 변수에 넣어서 branch에 전달하였다. branch는 앞에서 작성한 코드에 따라 "destination" 값에 맞는 destination_chain["destination 값"]에 지정된 체인을 실행하여 결과를 리턴한다.

지금까지 LCEL에 대해서 살펴보았다. LCEL이 앞으로 랭체인의 주요 워크플로우 엔진으로 자리 잡을 예정이지만, 아직 기존 Chain에 있던 컴포넌트들에 비해 지원 컴포넌트가 부족한 상황이다. 예를 들어 Chain의 Router Chain에 있었던 'MultiPromptChain'과 같은 컴포넌트가 아직은 없다. 따라서 당분간 Chain 역시 계속 지원될 예정이라고 한다.

LCEL은 보다 간결하고 직관적인 코딩 스타일을 제공하므로, 복잡한 워크플로우를 쉽게 구현할 수 있다는 장점이 있다. 이를 통해 개발자는 다양한 시나리오에 맞는 LLM 애플리케이션을 효율적으로 구축할 수 있다.

4.5.6 **Utility Chain**

지금까지 살펴본 Chain은 모두 LLMChain으로, 입력값을 프롬프트에 삽입하여 모델에 입력해서 결과를 리턴하는 형태였다. 하지만, Chain 기능을 통해서 연결될 수 있는 체인은 LLMChain뿐만 아니라 단순하게 출력값을 포맷팅 하는 체인이나, 문서 파일을 읽어드리는 체인 등 여러 가지 용도의 체인이 있을 수 있다. 또한 필요하다면 개발자가 직접 체인을 만들어 사용할 수도 있다. 이러한 체인들을 유틸리티 체인이라고 한다.

유틸리티 체인 중에서 대표적인 체인인 'create_sql_query_chain'을 알아보자. 이 체인은 데이터베이스의 스키마를 기반으로 입력된 질문을 SQL로 변환해주는 역할을 한다. 예를 들어, 미국의 영화/TV 프로에 대한 랭킹 정보 사이트인 imdb.com의 데이터를 기반으로, 자연어 질의를 통해서 SQL 쿼리를 생성하는 코드를 작성하고자 한다. "영화 중에서 평점이 8.0이상이고, 2008년 이후 상영된 영화들을 알려줘"라는 입력을 하면 SELECT "primaryTitle" FROM my_table WHERE "titleType" = 'movie' AND "startYear" >= 2008 AND "averageRating" >= 8.0 ORDER BY "averageRating"과 같은 SQL을 생성해주는 시나리오이다.

■ 데이터셋 다운로드

예제를 구현하기 위해서는 데이터셋을 로드해야 한다. 데이터셋은 다음과 같이 https://datasets.imdbws.com/에서 다운로드 한다.

```
!curl -o title.basics.tsv.gz https://datasets.imdbws.com/title.basics.tsv.gz
!curl -o title.ratings.tsv.gz https://datasets.imdbws.com/title.ratings.tsv.gz
```

다운로드된 데이터셋은 압축을 풀어 Pandas 데이터 프레임에 저장한다. 두 개의 데이터셋(영화 기본 정보 파일과 영화 평점)을 받았기 때문에 영화 ID 'tconst'를 이용하여 병합하고, 100개의 레코드만 랜덤으로 샘플링하여 Pandas 데이터 프레임에 저장한다.

```
import gzip, shutil
import pandas as pd

# 압축 풀기
with gzip.open('title.basics.tsv.gz', 'rb') as f_in:
    with open('title.basics.tsv', 'wb') as f_out:
        shutil.copyfileobj(f_in, f_out)

with gzip.open('title.ratings.tsv.gz', 'rb') as f_in:
    with open('title.ratings.tsv', 'wb') as f_out:
        shutil.copyfileobj(f_in, f_out)

# 데이터셋 읽기
basics = pd.read_csv('title.basics.tsv', sep='\t', low_memory=False, na_values=['\\N'])
ratings = pd.read_csv('title.ratings.tsv', sep='\t', low_memory=False, na_values=['\\N'])
full_data = pd.merge(basics, ratings, on="tconst")
samples = full_data.sample(n=100, random_state=42)
samples.head()
```

	tconst	titleType	primaryTitle	originalTitle	isAdult	startYear	endYear	runtimeMinutes	genres	averageRating	numVotes
779540	tt1683657	tvEpisode	Jersey Shore	Jersey Shore	0.0	2010.0	NaN	22	Reality-TV	8.4	48
170640	tt0281379	tvEpisode	Dance of the Scorpions	Dance of the Scorpions	0.0	1997.0	NaN	80	Crime,Drama,Mystery	8.2	75
879731	tt21265550	movie	A Cut Above	A Cut Above	0.0	2022.0	NaN	90	Comedy	4.7	199
1265981	tt6829484	tvEpisode	Bloods Rising	Bloods Rising	0.0	2017.0	NaN	42	Reality-TV	7.2	40
1278399	tt7082530	tvEpisode	Morning	Morning	0.0	2019.0	NaN	NaN	Crime,Drama,Mystery	9.4	7

■ 데이터셋 내용 일부

■ 데이터베이스 생성

데이터 프레임이 만들어졌으면, 이 데이터를 데이터베이스에 로드한다. 간단한 예제이기 때문에 SQLite3를 사용하였다. 데이터 프레임 내용을 그대로 로드하고, SQLite3 데이터 베이스 파일 'example.db'에 저장하였다.

```
import pandas as pd
import sqlite3

conn = sqlite3.connect('example.db')
cursor = conn.cursor()
samples.to_sql('my_table', conn, index=False, if_exists='replace')
query = "SELECT * FROM my_table"
result = pd.read_sql_query(query, conn)
print(result)
conn.close()
```

그리고 정상적으로 데이터가 로드되었는지 SELECT 쿼리를 이용하여 조회하였다.

```
        tconst  titleType                  primaryTitle  \
0    tt1683657  tvEpisode                  Jersey Shore
1    tt0281379  tvEpisode       Dance of the Scorpions
2    tt21265550     movie                   A Cut Above
3    tt6829484  tvEpisode                 Bloods Rising
4    tt7082530  tvEpisode                       Morning
..         ...        ...                           ...
95   tt0862974  tvEpisode                Hayaku ikitee'!
96   tt5911540      movie                        Dangal
97   tt1838593    tvMovie                  Madison High
98   tt0034389      movie          Whistling in the Dark
99   tt1346874      video  A Brief History of Flying Saucers

                    originalTitle  isAdult  startYear  endYear  \
0                    Jersey Shore      0.0     2010.0      NaN
1          Dance of the Scorpions      0.0     1997.0      NaN
2                     A Cut Above      0.0     2022.0      NaN
3                   Bloods Rising      0.0     2017.0      NaN
4                         Morning      0.0     2019.0      NaN
..                            ...      ...        ...      ...
95                Hayaku ikitee'!      0.0     2004.0      NaN
96                         Dangal      0.0     2013.0      NaN
97                   Madison High      0.0     2012.0      NaN
98          Whistling in the Dark      0.0     1941.0      NaN
99  A Brief History of Flying Saucers  0.0     2008.0      NaN

    runtimeMinutes                genres  averageRating  numVotes
0               22             Reality-TV            8.4        48
1               80     Crime,Drama,Mystery          8.2        75
2               90                 Comedy            4.7       199
3               42             Reality-TV            7.2        40
4             None     Crime,Drama,Mystery          9.4         7
..             ...                   ...            ...       ...
95              23  Action,Animation,Drama          7.6        84
96            None                 Action            4.5        24
97            None    Drama,Family,Musical          7.6        25
98              78   Comedy,Crime,Mystery           6.7      1088
99              34     Documentary,Short            5.6        16

[100 rows x 11 columns]
```

■ 데이터베이스에 저장된 내용을 조회한 화면

■ SQL 쿼리 생성하기

데이터베이스가 준비되었으면, 체인을 생성하고 호출해보자. `create_sql_query_chain(model, db,k=20)`에 question 입력변수에 질문을 입력하면 된다. 다음 예제는 "영화 중에서 평점이 8점 이상이고, 2008년 이후 상영된 영화 이름"을 조회하는 질의이다. 'k=20'은 20개의 결과만 리턴하도록 하는 설정이다.

```python
from langchain.llms import OpenAI
from langchain.chains import create_sql_query_chain
from langchain_community.utilities import SQLDatabase
from langchain.schema import StrOutputParser


OPEN_AI_APIKEY="{YOUR_OPENAI_APIKEY}"
model = OpenAI(openai_api_key=OPEN_AI_APIKEY)


db = SQLDatabase.from_uri("sqlite:///example.db")
chain = create_sql_query_chain(model, db,k=20) | StrOutputParser()
result = chain.invoke({"question":
                    """Please provide a list of  movies that have an
averageRating of 8.0 or higher and have been commercially available since 2008."""})
print(result)
```

결과로 생성된 SQL은 다음과 같다.

실행 결과

SELECT "primaryTitle" FROM my_table WHERE "titleType" = 'movie' AND "averageRating" -> = 8.0 AND "startYear" -> = 2008 ORDER BY "averageRating" DESC LIMIT 20;

이외에도 여러 가지 유틸리티 체인이 기존 체인 버전과 LCEL 버전이 있으니 자세한 내용은 공식 홈페이지 LangChain 문서를 참고하기 바란다.

https://python.langchain.com/docs/modules/chains

이제 LCEL을 사용하여 유틸리티 체인을 어떻게 구현하고 사용할 수 있는지 알게 되었다. LCEL을 통해 더욱 복잡하고 다양한 워크플로우를 효율적으로 처리할 수 있다. 이를 통해 LLM 기반 애플리케이션의 성능과 유연성을 극대화할 수 있을 것이다.

Hello LangChain

5장

RAG와 에이전트

LLM 기반 애플리케이션의 성능을 극대화하고, 최신 정보와 외부 데이터를 활용하기 위해서는 RAG(Retrieval Augmented Generation) 기술과 에이전트의 활용이 중요하다. RAG는 최신 정보와 일반화된 지식을 결합하여 더욱 정확하고 신뢰할 수 있는 답변을 생성하는 기술이다. 에이전트는 LLM이 단순한 응답 생성을 넘어 외부 도구와 상호 작용하여 더욱 정교하고 유용한 답변을 제공할 수 있도록 돕는다.

이 장에서는 먼저 RAG의 구조와 활용 방법을 자세히 살펴보고, 그 후에 에이전트의 역할과 중요성에 대해 알아본다. RAG를 통해 최신 정보와 일반화된 지식을 어떻게 결합하는지, 그리고 에이전트를 통해 LLM이 어떻게 외부 도구를 활용하여 기능을 확장할 수 있는지에 대해 설명한다.

5.1 RAG의 구조와 활용

OpenAI의 ChatGPT, Google의 PaLM 모델, Meta의 LLaMA 모델과 같은 대형 언어 모델(LLM)은 학습 시점에 데이터를 기반으로 저장하여 뉴럴 네트워크 상에 그 지식을 담고 있다. 이러한 LLM은 학습 당시의 지식을 기반으로한 질문에 대해서는 답할 수 있지만,

학습이 되지 않은 데이터나 그 이후에 나온 데이터에 대해서는 답변을 할 수 없는 제약이 있다.

또한, 잘못된 정보를 학습하여 잘못된 답을 내놓는 경우도 있는데, 이를 환상(Hallucination) 효과라고 한다. 이러한 문제를 해결하려면 최신의 데이터와 정확한 정보를 담고 있는 데이터가 필요하다.

이러한 문제를 해결하는 기법 중 하나가 RAG(Retrieval Augmented Generation)이다. RAG는 데이터베이스에 지식을 저장해놓고, LLM이 답할 수 없는 경우 이 데이터베이스를 검색하여 알맞은 지식을 찾아내고, 이를 LLM으로 가공하여 답변하는 방법이다.

이 RAG 시스템의 아키텍처는 다음 그림과 같다. RAG 시스템의 아키텍처는 크게 문서를 저장하는 부분과, 저장된 문서를 검색하여 사용하는 부분으로 두 가지 흐름으로 분리된다. 다음 그림에서 윗 부분이 문서를 저장하는 부분, LLM 애플리케이션으로 박스 처리된 부분이 문서를 검색해서 사용하는 부분이다.

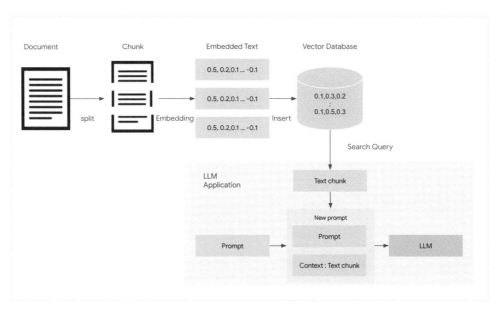

■ RAG 시스템 아키텍처

이 시스템을 구축하기 위해서는 두 가지 도구가 필요한데 바로 벡터 데이터베이스와 임베딩 기술이다.

1. **임베딩**(Embedding): 텍스트 문서는 그대로 저장을 하면 유사한 문서를 찾기가 어렵기 때문에 이를 벡터로 변환하여 저장하고 검색한다. 이러한 과정을 임베딩이라고 하는데, 임베딩은 ChatGPT나 PaLM 같은 LLM 모델에서 임베딩 API를 SDK 형태로 제공한다.

2. **벡터 데이터베이스**(Vector Database): 벡터로 변환된 데이터를 저장하고, 유사한 문장을 검색할 수 있는 기능이 필요한데, 이러한 기능을 하는 솔루션이 벡터 데이터베이스이다.

랭체인에서는 이 임베딩과 벡터데이스베이스를 자체적으로 제공하지 않고, 외부 솔루션을 사용한다. RAG는 임베딩 등 개념적으로 복잡한 내용을 포함하고 있으며, 다양한 아키텍처를 제공할 수 있기 때문에 이론적인 개념과 함께 Pinecone 데이터베이스 등의 구체적인 솔루션을 포함하여 보다 자세하게 설명하도록 한다.

5.1.1 임베딩의 개념

RAG의 첫걸음은 문서를 임베딩화하는 것이다. 임베딩은 텍스트를 벡터로 변환하는 방법이다. 단순하게 해시와 같은 방법으로 맵핑하는 것이 아니라 벡터 공간에 의미를 담은 상태로 변환하는 것을 임베딩이라고 한다. 즉 텍스트 임베딩은 컴퓨터가 텍스트를 이해할 수 있도록 단어나 문장을 벡터로 표현하는 방법이다. 벡터는 실수값의 배열로, 각 값은 단어나 문장의 특정 특성을 나타낸다.

벡터 데이터베이스에 데이터를 저장하려면 먼저 텍스트를 임베딩 과정을 통해 벡터로 변환한 후에 저장해야 한다.

임베딩의 예를 하나 보자. "man", "boy", "woman", "girl"의 벡터를 다음과 같이 표현할 수 있다

- man: [1, 7]
- boy: [1, 2]
- woman: [9, 7]
- girl: [9.2]

이 벡터에서 첫 번째 차원은 성별을 나타낸다. "man"과 "boy"는 첫 번째 차원에서 1로 표현되어 있어서 남성임 나타내고. "woman"과 "girl"은 첫 번째 차원에서 9로 표현되어 있어서 여성임을 나타낸다.

두 번째 차원은 나이를 나타낸다. "man"과 "woman"은 두 번째 차원에서 7로 표현되어 성인임을 나타내고, "boy"와 "girl"은 두 번째 차원에서 2로 표현되어 있어서 어린이라는 것을 나타낸다.

이 벡터는 단어의 의미를 잘 표현하고 있다. 예를 들어, "man"과 "boy"는 첫 번째 차원에서 유사한 위치를 차지하고 있는데, 이는 두 단어가 모두 남성을 의미한다는 것을 나타낸다. 두 단어는 두 번째 차원에서 약간 떨어져 있지만, 여전히 유사한 공간에 있다. 이는 두 단어가 나이에 있어 다르지만 모두 성인이라는 의미로 연관성이 있음을 보여준다.

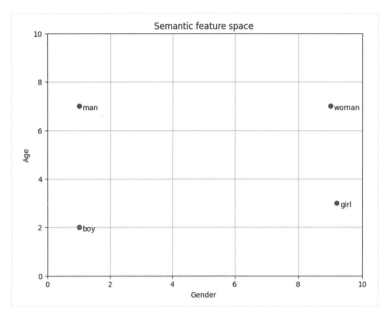

■ 벡터 공간에 man, boy, woman, girl 데이터를 표기한 예제

5.1.2 유사도 측정 알고리즘

임베딩을 통해 저장된 데이터를 검색할 때는 벡터 공간에서 저장된 데이터 간의 유사도를 측정하여 데이터를 검색한다. 예를 들어 앞의 예제에서 처럼 "남자에 가까운 것은 무엇인가?"에 대한 쿼리에는 "boy"가 리턴되어야 한다. 이를 유사도 측정 알고리즘이라고 하며, Pinecone에서 두 벡터 간의 유사도를 측정하는데 사용되는 알고리즘은 유클리드 거리(Euclidean Distance), 코사인 유사도(Cosine Similarity), 내적(Dot Product) 3가지 방식이 있다.

■ 유클리드 거리(Euclidean Distance)

두 벡터 간의 거리를 피타고라스 정리를 이용하여 측정한다. 유클리드의 거리는 두 점(벡터) 간의 거리를 측정하기 때문에 직관적이고 이해하고 쉽지만, 차원이 높아질수록 성능이 저하될 수 있다. 차원이 높아진다는 것은 데이터의 특징을 더 많이 반영하여 다차원 공간에서 데이터를 표현하는 것을 의미한다. 예를 들어, 2차원 공간에서는 x축과 y축으로 데이터를 표현하지만, 3차원 공간에서는 z축이 추가되고, n차원 공간에서는 n개의 축으로 데이터를 표현한다.

$$\sqrt{(x_1 - x_2)^2 + (y_1 - y_2)^2}$$

공식: sqrt((x1 - x2)^2 + (y1 - y2)^2)

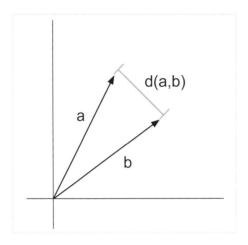

- **코사인 유사도(Cosine Similarity)**

두 벡터 간의 각도를 이용하여 유사도를 측정한다. 벡터의 크기(길이)에 상관없이 방향에 중점을 두기 때문에, 고차원 데이터에 효과적이지만, 벡터의 크기를 고려하지 못하기 때문에 벡터의 크기가 다른 벡터 간의 유사도를 측정하기 어려운 점이 있다.

$$\frac{A \cdot B}{\|A\| \times \|B\|}$$

공식: (A·B) / (‖A‖ * ‖B‖)

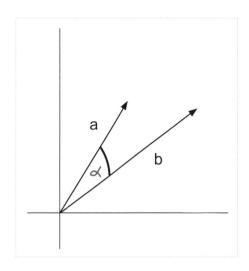

내적 기반 유사도(Dot Product Similarity)

벡터의 내적(곱)으로 벡터간의 방향성과 크기 양쪽을 모두 고려하기 때문에, 벡터의 크기가 달라도 유사도 측정이 가능하다.

$A \cdot B$

공식: A·B

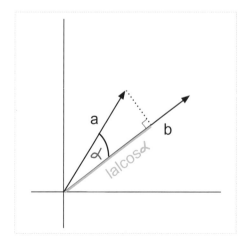

유사도 측정의 예를 들어 보자. 벡터 A(2,3), B(4,1), C(1,4)가 다음 그림과 같이 있다고 하자.

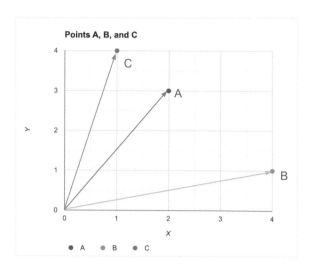

각 유사도 측정 알고리즘으로 측정한 결과는 다음과 같다.

벡터 A(2,3)와 B(4,1)의 유클리드 거리를 계산하면 다음과 같다.

$$\sqrt{(2-4)^2 + (3-1)^2} = \sqrt{4+4} = 2.83$$

벡터 A(2,3)와 C(1,4)의 코사인 유사도를 계산하면 다음과 같다.

$$\frac{(2 \times 1) + (3 \times 4)}{\sqrt{2^2 + 3^2} \times \sqrt{1^2 + 4^2}} = \frac{14}{\sqrt{13} \times \sqrt{17}} = 0.94$$

벡터 A(2,3)와 C(1,4)의 내적을 계산하면 다음과 같다.

$$(2 \times 1) + (3 \times 4) = 14$$

알고리즘	A와 B의 유사도	A와 C의 유사도	더 유사한 것
Euclidean Distance	2.83	1.41	A와 C
Cosine Similarity	0.74	0.94	A와 C
Dot Product	11	14	A와 C

앞선 표에서 볼 수 있듯이, 각각의 측정 알고리즘이 벡터 간의 유사도를 다르게 평가하는 것을 알 수 있다. 따라서, 특정 응용 프로그램의 요구 사항에 따라 적합한 유사도 측정 알고리즘을 선택하는 것이 중요하다.

5.1.3 벡터 데이터베이스 - Pinecone

임베딩의 개념을 이해했으므로, 이제 실제로 텍스트 데이터를 임베딩하여 저장해 보도록 하자. 이를 위해서 먼저 벡터 데이터베이스를 하나 선택해야 하는데, Pinecone은 클라우드 매니지드 벡터 데이터베이스로 Google, Azure, AWS 클라우드를 모두 지원한다. 여러 가지 인스턴스 타입이 있으며, 최대 4천만 벡터까지 저장이 가능하여 운영 환경에서 가장 널리 사용되는 벡터 데이터베이스 중 하나이다.

개발/테스트를 위한 프리 티어가 있고 API 키만 발급받으면 손쉽게 사용할 수 있기 때문에, 랭체인, ChatGPT와 함께 많이 사용되고 있다. Pinecone을 사용하기 위해서는 먼저 pinecone.io 사이트에 접속해서 우측 상단의 Sign up 메뉴를 통해 회원 가입을 하고 로그인한다.

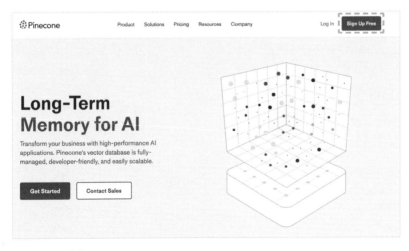

■ Pinecone 사이트

로그인 후, 처음 할 일은 **인덱스(pineco ne 안의 데이터베이스)를 생성**해야 한다.

하나의 Pinecone 데이터베이스 안에 여러 가지 용도의 데이터베이스(인덱스)를 생성할 수 있다. 예를 들어 HR Q&A용 데이터베이스 인덱스, 영업 가이드 문서 용 인덱스 등 다양한 용도로 인덱스를 생성할 수 있다.

다음 그림과 같이 초기 메뉴에서 [Create Index]를 선택한다.

Welcome to your AI agent Project. Let's get started. 🙌

If you know what you're building simply create an Index, upload your data, and start querying. Looking to learn? Check out our examples.

Create Index

Indexes

Index Name

internal-knowledgebase •

product-embeddings •

chatbot-staging •

chatbot-production •

■ Pinecone create index

다음으로 그림과 같이 메뉴가 나오면 설정을 다음과 같이 따라한다.

‹ Back to Indexes

Create a new Index

Give it a name

Name
quickstart3d

Configure your Index

The dimensions and metric depend on the model you select. Learn more in our docs.

Dimensions *
3

Metric *
euclidean ⓘ ▾

⚒ Setup by model

Select your Pod Type

Pick a pod type that aligns with your project's needs. Learn more in our docs.

| **starter** Included in the starter plan | **s1 🔒** Best storage capacity | **p1 🔒** Faster queries | **p2 🔒** Lowest latency and highest throughput |

■ Pincone create index

1) 데이터베이스 이름은 'quickstart3d'로 하고, 2) 저장할 벡터는 3차원 벡터를 사용할 것이므로, Dimensions는 3으로 설정한다. 3) 유사도 측정 알고리즘은 유클리드 거리, 코사인 유사도, 벡터의 내적 등을 사용할 수 있는데, 여기서는 유클리드 거리(Euclidean)를 선택하였다.

Pod 타입은 인스턴스의 사이즈를 결정하는 메뉴로, 4) 무료 티어를 사용할 예정이기 때문에 Starter를 선택하였다.

다음 그림은 인스턴스가 생성된 환경이다.

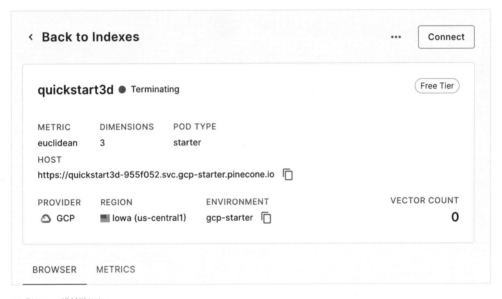

■ Pincone 생성된 Index

디폴트 무료 티어이기 때문에, Provider가 구글 클라우드로 선택되었고, us-central1 리전이 선택되었다. 그리고 환경 이름은 'gcp-starter'이다.

■ **Pinecone 클라이언트 설정**

이제 Pincone에 데이터를 저장할 준비가 되었다. 다음은 파이썬 개발환경으로 가서 pinecone의 client SDK를 pip 명령을 이용하여 설치한다.

188

```
!pip install pinecone-client
```

코드에서 pincone 클라이언트를 초기화하는데, 다음 코드에서와 같이 API 키와 환경 이름(environment)을 명시한다. Environment 명은 앞에서 index를 생성할 때 자동으로 할당된 'gcp-starter'였다. API 키는 Pinecone 콘솔의 좌측 메뉴에서 [API Keys] 메뉴를 통해 생성할 수 있다.

다음은 클라이언트에서 연결하고 현재 있는 인덱스들의 목록을 출력하는 것이다. 앞에 콘솔에서 quickstart3d라는 이름으로 인덱스를 하나 생성하였기 때문에, ['quickstart3d']가 출력될 것이다.

```
import pinecone

pinecone.init(api_key="{API KEY}", environment="gcp-starter")
pinecone.list_indexes()
```

■ 테스트 데이터 정의

pinecone에 저장할 테스트 데이터를 정의한다.

```
import matplotlib.pyplot as plt

data = [
    ("A", [0.1, 0.1, 0.1]),
    ("B", [0.2, 0.2, 0.2]),
    ("C", [0.3, 0.3, 0.3]),
    ("D", [0.4, 0.4, 0.4]),
    ("E", [0.5, 0.5, 0.5]),
    ("QV", [0.1, 0.1, 0.6]),
```

```
    ]

    # 데이터 전처리: 레이블과 3차원 값 추출
    labels = [item[0] for item in data]
    values = [item[1] for item in data]

    # 3차원 그래프 설정
    fig = plt.figure( )
    ax = fig.add_subplot(111, projection='3d')

    # 데이터 포인트에 레이블 추가
    for i, label in enumerate(labels):
        x, y, z = values[i]
        if label == "QV":
            ax.scatter(x, y, z, label=label, marker='^', s=110)  # 삼각형 모양, 크기 2배
            ax.text(x, y, z, label)
        else:
            ax.scatter(x, y, z, label=label)
            ax.text(x, y, z, label)

ax.set_xlabel('X')
ax.set_ylabel('Y')
ax.set_zlabel('Z')
ax.set_title('3D Plot')

# 범례 추가
ax.legend( )

plt.show( )
```

이 코드는 3차원 벡터 A, B, C, D, E를 생성하고, QV 벡터를 쿼리할 벡터로 설정하여 QV 벡터와 유사한 벡터를 A, B, C, D, E에서 찾아낼 것이다.

앞의 코드 블럭을 실행하면 다음과 같이 3차원 공간에서 A~E, QV 벡터를 출력해준다.

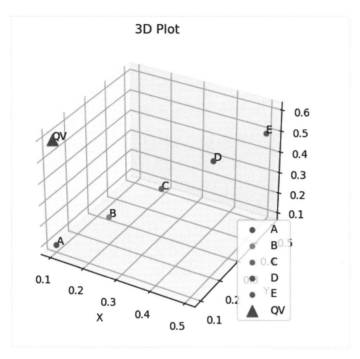

■ 벡터값을 3차원 공간에 표시한 그림

■ Pinecone에 데이터 저장

이제 Pinecone에 데이터를 저장한다. pinecone.Index를 이용하여 quickstart3d Index의 레퍼런스를 얻은 후, upsert를 이용하여 A, B, C, D, E 벡터를 저장한다.

```
index = pinecone.Index("quickstart3d")
index.upsert(data[:4])
index.describe_index_stats( )
```

이렇게 저장된 벡터에서 QV 와 가까운 벡터를 쿼리한다. 이때 'top_k=3'으로 설정하여 리턴값을 최대 3개로 제한하여 리턴하도록 한다.

```
query_result=index.query(
```

```
        data[5][1],
        top_k=3,
        include_values=True
    )
print(query_result)
```

결과는 다음과 같다.

```
{'matches': [{'id': 'C', 'score': 0.17094484, 'values': [0.3, 0.3, 0.3]},
        {'id': 'B', 'score': 0.180629909, 'values': [0.2, 0.2, 0.2]},
        {'id': 'D', 'score': 0.221259832, 'values': [0.4, 0.4, 0.4]}],
 'namespace': ''}
```

C, B, D가 QV 벡터와 가장 유사한것으로 리턴되었고, score가 작을수록 유사한 벡터이기 때문에 C, B, D 순으로 유사하다.

이 과정을 통해 최신 데이터와 정확한 정보를 기반으로 한 답변을 생성할 수 있다, 예를 들어 LLM의 한계를 극복하는 데 도움이 된다.

5.1.4 텍스트 임베딩 하기

이제 임베딩한 정보를 저장할 데이터베이스가 준비되었으므로 텍스트나 이미지와 같은 데이터를 어떻게 벡터 데이터로 변환하는지를 알아보도록 하자. 데이터를 임베딩하는 방법은 간단하게 API를 사용하면 되는데, OpenAI의 경우 다양한 임베딩 API를 제공한다. ChatGPT 1 세대 모델의 임베딩 목록은 다음과 같다.

MODEL	ROUGH PAGES PER DOLLAR	EXAMPLE PERFORMANCE ON BEIR SEARCH EVAL
text-embedding-ada-002	3000	53.9
-davinci--001	6	52.8
-curie--001	60	50.9
-babbage--001	240	50.4
-ada--001	300	49.0

■ ChatGPT 임베딩 모델 목록

요즘 주로 사용되는 모델은 'text-embedding-ada-002'이다. 이 모델은 최대 8191개의 토큰을 하나의 벡터로 임베딩할 수 있으며, 임베딩된 벡터의 크기는 1536 차원(Dimension)이다.

다음 코드는 Jupyter Notebook에서 작성하였다. 먼저 사용할 라이브러리를 설치한다.

```
!pip install openai scipy plotly-express scikit-learn umap-learn umap
```

앞의 명령어에서 설치되는 주요 라이브러리는 다음과 같다.

- openai: OpenAI의 API를 사용하기 위한 라이브러리
- scipy: 과학 계산을 위한 라이브러리
- plotly-express: 데이터 시각화를 위한 라이브러리
- scikit-learn: 머신러닝을 위한 라이브러리
- umap-learn 및 umap: 차원 감소를 위한 라이브러리

임베딩에 사용할 텍스트 파일은 USPGA 골프 규칙으로 약 30개 이상의 규칙을 각각의 파일에 담고 있다. 예제에서 사용한 텍스트 파일들은 깃허브에서 내려받아 사용하자.

```python
import os
import openai
import pandas as pd

# OpenAI API 키 설정
openai.api_key = "{Youe OpenAI API Key}"

# 파일이 저장된 디렉토리 정의
input_directory = "./golf_rule_paragraph"

# 디렉토리 내의 모든 파일 목록을 가져와 알파벳순으로 정렬
file_list = sorted(os.listdir(input_directory))

# 첫 50개의 파일로 제한
file_list = file_list[:50]

# 문서 텍스트와 임베딩을 저장할 빈 리스트 초기화
data = []

# 각 파일의 내용을 읽어 임베딩을 얻고, 이를 데이터 리스트에 추가
for filename in file_list:
    file_path = os.path.join(input_directory, filename)
    with open(file_path, 'r', encoding='utf-8') as file:
        document_text = file.read()
        embedding_result = openai.Embedding.create(
            model = "text-embedding-ada-002",
            input = document_text
        )
        embedding = embedding_result['data'][0]['embedding'] # 1536차원의 임베딩
        data.append({"document_text": document_text, "embedding": embedding})

# 데이터 리스트로부터 DataFrame 생성
df = pd.DataFrame(data)
```

앞의 코드는 'input_directory' 디렉토리 안의 파일들을 순차적으로 읽어서 임베딩을 수행하고 이를 Pandas DataFrame에 저장하는 코드이다. 실제 임베딩이 이뤄지는 코드는 다음과 같은 부분이다.

```python
embedding_result = openai.Embedding.create(
    model = "text-embedding-ada-002",
    input = document_text
)
embedding = embedding_result['data'][0]['embedding'] # 1536차원의 임베딩
```

Embedding.create를 이용하여 document_text를 "text-embedding-ada-002" 모델을 이용하여 임베딩한다. 임베딩된 결과는 embedding_result['data'][0]['embedding'] 부분에 저장된다. Embedding result는 임베딩된 벡터 이외에도 다양한 메타 정보를 포함하고 있다. 임베딩된 벡터는 1536 길이의 배열이다.

■ 임베딩 시각화

임베딩된 벡터는 1536 길이의 배열인데, 임베딩이 된 결과를 벡터 공간에 시각화해서 나타내보자. 차원이 1536 차원이기 때문에, 화면에 나타낼 수 없으므로 차원 감소 기법 중 하나인 t-SNE를 이용하여 2차원으로 차원을 변환한 후에, 2차원에 그래프를 표현해 보겠다.

차원 감소는 고차원 데이터를 시각화하거나 분석하기 쉽게 하기 위해 필요하다. 고차원 데이터는 복잡하고 직관적으로 이해하기 어렵기 때문에, 주요 특징을 유지하면서 데이터를 2차원이나 3차원으로 축소하는 것이다.

```python
from sklearn.manifold import TSNE
import numpy as np
```

```python
import matplotlib.pyplot as plt

# 데이터 리스트로부터 DataFrame 생성
df = pd.DataFrame(data)

# t-SNE를 수행하여 임베딩 차원을 2차원으로 축소
perplexity_value = min(5, len(df))
tsne = TSNE(n_components=2, perplexity=perplexity_value, random_state=42)
embedding_2d = tsne.fit_transform(np.array(list(df['embedding'])))

# DataFrame에 2D 임베딩 추가
df['embedding_2d'] = list(embedding_2d)

# 2D 임베딩을 시각화
plt.figure(figsize=(10, 8))
for i in range(len(df)):
    plt.scatter(embedding_2d[i, 0], embedding_2d[i, 1])
    plt.text(embedding_2d[i, 0], embedding_2d[i, 1], df['document_text'][i][:20])  #
                                                    문서 텍스트의 일부를 표시

plt.title('t-SNE 2D Embedding')
plt.xlabel('Dimension 1')
plt.ylabel('Dimension 2')
plt.show()
```

다음은 시각화한 결과이다.

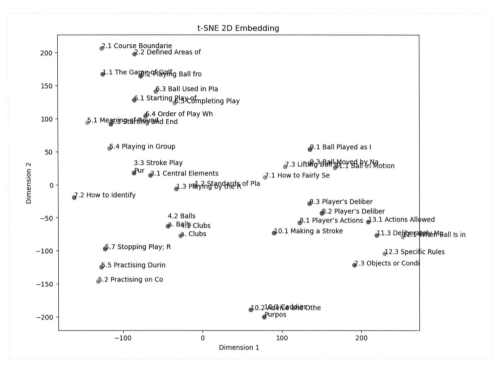

■ 임베딩한 텍스트를 2차원 공간에 포함하여 시각화한 예제

그림에서와 같이 Ball과 Club에 관련된 규칙들은 비슷한 위치에 군집되어 있는 것을 확인할 수 있다.

이 글에서는 접근이 쉽고 많이 사용되는 OpenAI의 임베딩 모델을 사용했지만, 여러 임베딩 모델들이 있고, 임베딩 모델마다 성능이 다르며 임베딩의 목적 또한 다르다. RAG를 소개하는 글이기 때문에 문서 검색(Document Retrieval) 기능이 주요 유스 케이스이지만, 임베딩은 분류(Classification), 클러스터링(Clustering) 등 다양한 시나리오로 사용이 가능하다.

구글의 Vertex.AI 임베딩 모델의 경우, 임베딩의 목적에 따라서 임베딩 타입을 지정하게 할 수 있다.

task_type	설명
RETRIEVAL_QUERY	지정된 텍스트가 검색/가져오기 설정의 쿼리임을 지정합니다.
RETRIEVAL_DOCUMENT	지정된 텍스트가 검색/가져오기 설정의 문서임을 지정합니다.
SEMANTIC_SIMILARITY	지정된 텍스트를 시맨틱 텍스트 유사성(STS)에 사용하도록 지정합니다.
CLASSIFICATION	임베딩이 분류에 사용되도록 지정합니다.
CLUSTERING	클러스터링에 임베딩을 사용하도록 지정합니다.

■ 구글 Vertex.AI Embedding API의 임베딩 태스크 타입

출처: https://cloud.google.com/vertex-ai/docs/generative-ai/embeddings/get-text-embeddings?hl=ko#api_changes_to_models_released_on_or_after_august_2023

Overall | Bitext Mining | Classification | Clustering | Pair Classification | Reranking | Retrieval | STS | Summarization

English | Chinese | Polish

Overall MTEB English leaderboard 🏆
- **Metric:** Various, refer to task tabs
- **Languages:** English

Rank ▲	Model ▲	Model Size (GB) ▲	Embedding Dimensions ▲	Sequence Length ▲	Average (56 datasets) ▲	Classification Average (12 datasets) ▲	Clustering Average (11 datasets) ▲	Pair Classification Average (3 datasets) ▲	Reranking Average (4 datasets) ▲	Re Av (1! da
1	voyage-lite-01-instruct		1024	4096	64.49	74.79	47.4	86.57	59.74	55
2	Cohere-embed-english-v3.0		1024	512	64.47	76.49	47.43	85.84	58.01	55
3	bge-large-en-v1.5	1.34	1024	512	64.23	75.97	46.08	87.12	60.03	54
4	Cohere-embed-multilingual-		1024	512	64.01	76.01	46.6	86.15	57.86	53

■ 임베딩 API 성능 비교

임베딩 API의 성능 비교는 MTEB 스코어 보드(https://huggingface.co/spaces/mteb/leaderboard)에서 확인할 수 있다. 이 글에서 소개한 OpenAI의 ada 임베딩 모델은 2023년 11월 29일 현재 20위권에 랭크되어 있는 것을 확인할 수 있다.

랭크 차트에서 보면 VoyageAI(https://docs.voyageai.com/)와 Cohere(https://cohere.com/models/embed) 모델이 전체적으로 높은 순위에 랭크된 것을 볼 수 있다. 임베딩 모델 중에는 MTEB 스코어를 제공하지 않는 모델도 있기 때문에, 사용 중인 모델의 MTEB 스코어를 계산해보려면 MTEB 블로그(https://huggingface.co/blog/mteb)에 파이썬 SDK로 MTEB 스코어를 계산하는 가이드가 있다.

MTEB는 많은 모델에 대한 임베딩 성능 순위가 제공하지만, 영어와 일부의 언어(중국어)만 제공한다. 한국어와 같은 다국어에 대한 임베딩 모델 순위는 MIRACL 인덱스(https://github.com/project-miracl/miracl)를 활용할 수 있다.

5.1.5 텍스트 분할하기

텍스트를 임베딩할 때, OpenAI의 임베딩 API의 경우 텍스트를 1536 차원의 벡터로 변환한다. 즉 모든 정보가 1536 차원 벡터 하나로 표현되는 것이다. 만약 임베딩하고자 하는 텍스트의 길이가 길다면, 하나의 문장이 아니라 문서라면, 하나의 벡터로 표현할 수 있는 정보의 양이 부족하게 된다. 그래서 전체 문서를 임베딩하는 것이 아니라 문서를 여러 개의 조각(이를 Chunk라고 한다.)로 나눠서 각 조각들을 임베딩하여 벡터 데이터베이스에 저장하고 이를 검색하는 방법을 사용한다.

이렇게 문장 또는 문서를 여러 개의 Chunk로 나누는 방식을 TextSplitting이라고 한다. Text Splitting은 여러 가지 방식이 있는데, 주요 Splitting 방식에 대해서 알아보자.

■ Fixed Size Chunking

가장 간단한 Chunking 방식은 문서를 고정된 길이 단위로 잘라내는 방법이다. 예를 들어 5000문자의 문서가 있을 때, 기계적으로 100자나 200자씩 등으로 잘라내는 방식이다.

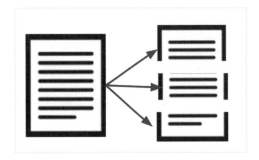

이 방식은 구현이 매우 쉽지만, 문제는 문장이 온전하지 않게 잘릴 수 있다는 점이다. 이러한 문제 때문에, 고정 길이 Chunking은 실제로는 잘 사용되지 않는다.

■ Content-Aware chunking

다음 방식으로는 문맥을 인지하는 방식으로 Chunking을 하는 방법이다. 쉽게 말해서 문장이나 문단 단위로 문서를 잘라내는 방식이다. 문장과 문단을 온전히 보장할 수 있는 장점이 있는 반면에, 문장이나 문단의 길이가 길 경우 Chunk의 크기가 커지는 문제가 있다. 또한 텍스트에서 마침표나 줄 띄어쓰기 등을 제대로 사용하지 않았을 경우 문장을 제대로 나누지 못할 수 있다. 제목이나 번호를 포함한 문장도 하나의 문장으로 인식해 버릴 수 있다(문서에서 1. 2. 3. 과 같이 번호를 달았을 경우 문장 마침표로 인식).

아래는 NLTK 파서를 이용하여 문장 단위로 Chunk를 추출하는 예제이다. NLTK(Natural Language Toolkit) 파서는 자연어 처리를 위한 파이썬 라이브러리로, 다양한 자연어 처리 도구와 데이터셋을 제공하여 텍스트 분석, 토큰화, 품사 태깅, 구문 분석 등을 지원한다.

코드 예제

```
text="""
To Kill a Mockingbird by Harper Lee is a classic American novel set in the
racially charged atmosphere of the 1930s in the fictional town of Maycomb,
Alabama. The story is narrated by Scout Finch, a young girl, and follows the Finch
family, particularly her father, Atticus Finch, who is a lawyer.
```

The narrative unfolds as Atticus defends Tom Robinson, a black man falsely accused of raping a white woman, Mayella Ewell. The novel explores themes of racial injustice, moral growth, and the loss of innocence. Through the lens of Scout's childhood, the reader witnesses the harsh realities of prejudice and discrimination prevalent in the Deep South.

Atticus Finch emerges as a moral compass in the story, embodying principles of justice, empathy, and integrity. His defense of Tom Robinson, despite the pervasive racial biases of the town, symbolizes a stand against ingrained social norms. The trial becomes a focal point, revealing the deeply rooted racism and injustice in the community.

Scout and her brother, Jem, befriend a boy named Dill, and the trio becomes fascinated by their reclusive neighbor, Boo Radley. Boo becomes a symbolic figure representing the unknown and the misunderstood. The children's curiosity about Boo provides a parallel narrative to the trial, emphasizing the themes of prejudice and the consequences of making judgments based on appearances.
: 〈중략〉
"""

```
from langchain.text_splitter import NLTKTextSplitter
text_splitter = NLTKTextSplitter(chunk_size=256)
docs = text_splitter.split_text(text)

for chunk in docs[:3]:
    print(chunk)
    print('='*10)

    print(sentence)
    print("="*40)
```

앞선 예제는 NLTK를 사용하여 텍스트를 문장 단위로 나누는 코드이다. NLTK 파서를 통해 문장 경계를 인식하고, 각 문장을 별도의 Chunk로 나누어준다. 아래 결과를 보면, 마침표를 기점으로 문장 단위로 Chunk를 추출한 것을 확인할 수 있다.

```
To Kill a Mockingbird by Harper Lee is a classic American novel set in the
racially charged atmosphere of the 1930s in the fictional town of Maycomb,
Alabama.
==========
The story is narrated by Scout Finch, a young girl, and follows the Finch family,
particularly her father, Atticus Finch, who is a lawyer.
==========
```

■ **Recursive chunking**

다음 방법은 Recursive chunking(재귀적 파편화) 기법인데, 앞의 Fixed와 Context-Aware 방식을 혼합했다고 생각하면 된다. 먼저 .(마침표)나 줄바꿈 단위로 문장을 추출한 다음, 그 문장이 원하는 고정 사이즈(Fixed Size)보다 클 경우, 다시 고정 사이즈로 자르고 나머지 문장을 .(마침표)나 줄바꿈해서 재귀적으로 호출하는 방식이다. 이렇게 고정 사이즈로 하는 이유는 각 청크의 크기를 일정하게 유지하여 검색 및 처리가 쉽도록 하기 위함이다.

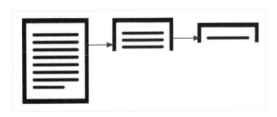

■ Recursive chunking의 개념

다음 코드는 랭체인의 RecursiveCharacterTextSplitter를 이용하여 Recursive chunking을

하는 예제이다. 'RecursiveCharacterTextSplitter'는 텍스트를 효율적으로 나누기 위한 도구로, 특히 긴 문서나 텍스트 데이터를 다룰 때 유용하다. 이 도구는 고정된 크기와 문맥 인식 방법을 결합하여 텍스트를 여러 청크로 나누는 역할을 한다. 텍스트를 먼저 문장이나 문단 단위로 나눈 후, 각 청크가 고정된 크기를 초과할 경우 다시 고정된 크기로 분할한다. 또한, 긴 문장을 분할할 때 청크 간에 일부 중복(overlap)을 허용하여 텍스트의 연속성과 문맥을 유지한다.

코드 예제

```python
from langchain.text_splitter import RecursiveCharacterTextSplitter
text_splitter = RecursiveCharacterTextSplitter(
    chunk_size = 300,
    chunk_overlap  = 100,
    length_function = len,
    is_separator_regex = False,
)
docs = text_splitter.split_text(text)
for chunk in docs[:10]:
    print(len(chunk))
    print(chunk)
    print('='*10)
```

다음 결과를 보면 처음 297 길이의 문장은 . 까지 온전히 추출된 것을 볼 수 있지만, 두 번째 문장은 300자보다 길기 때문에, 중간에 잘려서 293자와 154자로 두 개의 문장으로 분리된 것을 확인할 수 있다.

실행 결과

```
297
To Kill a Mockingbird by Harper Lee is a classic American novel set in the
racially charged atmosphere of the 1930s in the fictional town of Maycomb,
Alabama. The story is narrated by Scout Finch, a young girl, and follows the Finch
```

family, particularly her father, Atticus Finch, who is a lawyer.
==========

293

The narrative unfolds as Atticus defends Tom Robinson, a black man falsely accused of raping a white woman, Mayella Ewell. The novel explores themes of racial injustice, moral growth, and the loss of innocence. Through the lens of Scout's childhood, the reader witnesses the harsh realities of
==========

154

of innocence. Through the lens of Scout's childhood, the reader witnesses the harsh realities of prejudice and discrimination prevalent in the Deep South.
==========

294

Atticus Finch emerges as a moral compass in the story, embodying principles of justice, empathy, and integrity. His defense of Tom Robinson, despite the pervasive racial biases of the town, symbolizes a stand against ingrained social norms. The trial becomes a focal point, revealing the deeply

---

결과를 조금 더 자세하게 보면 하이라이트된 부분이 중첩된 것을 확인할 수 있다. 만약 하나의 문장이 길어서 두 개의 문장으로 분리될 경우, 두 문장 간의 연관성이 없어질 수 있다. 이를 방지하기 위해 RecursiveCharacterTextSplitter에서 chunk_overlap = 100을 설정할 수 있다. 이 설정은 한 문장이 두 개로 분할될 때, 두 개의 문장이 100자의 길이만큼 겹치도록 한다. 이렇게 하면 각 청크가 서로 중첩되어 의미적으로 연결성을 유지할 수 있다.

■ Chunk summarization

다른 방식으로는 문서를 문단 단위로 잘라낸 다음, 일정 크기 이하로 요약하는 방법이다. 즉 Context-Aware Chunking을 이용하여, 문단을 추출한 후, LLM을 통하여 일정 OOO 자 이하로 요약하게 한 후에, 이 요약된 문장으로 임베딩 인덱스를 만드는 방법이다.

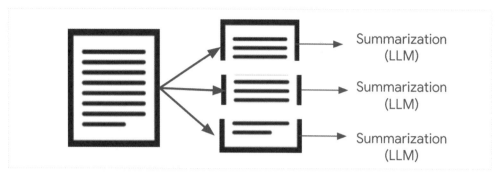

이 방식은 문장이 중간에 잘리지 않는 장점이 있지만, 요약 과정에서 정보가 유실될 수 있는 단점이 있다.

이러한 다양한 텍스트 분할 기법을 사용하여 텍스트 데이터를 임베딩하고, 이를 벡터 데이터베이스에 저장하여 필요한 정보를 효율적으로 검색할 수 있다.

5.1.6 임베딩된 데이터를 저장하기

이제 임베딩의 개념과 API의 사용법 그리고 벡터 데이터베이스에 대해서 이해했으니, RAG 아키텍처를 구현해보자. 먼저 텍스트를 임베딩하여 Pinecone에 메타 정보와 함께 저장하는 과정을 살려보겠다.

이번 예제는 위키피디아 문서 중 100개의 초반 문서를 로딩한 후, 각 문서를 Recursive CharacterTextSpilitter를 이용하여 400자 단위로 분할하고, 분할된 Chunk를 OpenAI 임베딩 모델을 이용하여 임베딩한 후에, Pinecone에 저장할 것이다.

Pinecone에 저장되는 스키마의 형태는 다음과 같다.

id	Values	metadata
저장된 임베딩의 unique id (Primary Key)	1536 차원으로 임베딩된 값	chunk, source, text, title, wiki-id

- chunk : 하나의 문서를 여러 개의 chunk로 분할할 때, 이 임베딩이 몇 번째 chunk를 임베딩한 것인지에 대한 인덱스를 저장한다.

- Source : wikipedia 정보로 wikipedia 원본 URL을 나타낸다.

- Title : wikipeida 문서 제목

- Wiki-id : Wikipedia에서 해당 문서의 ID

- Text : 이 부분이 제일 중요한데, 원본 문서 내용 전체를 저장한다. 예를 들어 Cuba에 대한 문서가 있을 때, 이 문서는 여러 개의 chunk로 나누어져서 임베딩 된 값이 Pinecone에 저장되는데, 이 임베딩된 값은 벡터 값으로, 프롬프트에서 참고할 수 없다. 임베딩된 값으로 문서를 검색한 후, 그 문서를 프롬프트에 컨텍스트로 삽입해서 사용해야 한다. 이를 위해서 텍스트 정보를 저장한 후 불러와야 하는데, Text 필드는 이 chunk 가 포함된 전체 문서를 저장하게 된다. 만약에 한 문서가 여러 chunk로 분리된다면, 각 chunk 는 동일한 원본 문서를 중복해서 가지게 된다(다음 그림의 개념도를 참고)

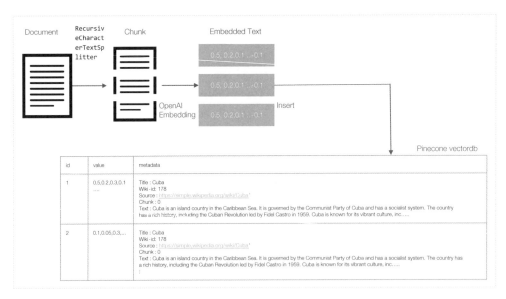

■ Split Chunk 개념

▪ Pinecone 데이터베이스 생성

먼저 pinecone.io에서 데이터베이스를 생성한다. 다음 그림과 같이 데이터베이스는 'terry-wiki'라는 인덱스로, 1536 차원에 코사인 기반 검색을 하도록 설정하고 환경은 gcp-starter 환경을 사용하였다.

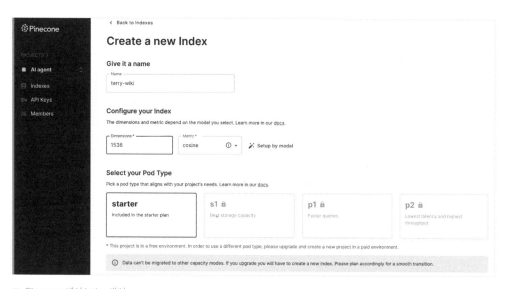

■ Pinecone 에서 Index 생성

다음은 예제 코드이다.

```
코드 예제

from tqdm.auto import tqdm
from uuid import uuid4
from datasets import load_dataset
import pinecone
import openai
import os
from langchain.text_splitter import RecursiveCharacterTextSplitter
from langchain.embeddings.openai import OpenAIEmbeddings
```

```python
# 데이터셋 로드
data = load_dataset("wikipedia", "20220301.simple", split='train[:100]')

# 데이터베이스 연결
pinecone.init(api_key="{YOUR_PINECONE_APIKEY}", environment="gcp-starter")
#pinecone.create_index("terry-wiki",dimension=1536,metric="cosine")
index = pinecone.Index("terry-wiki")

# 임베딩 API 생성
os.environ["OPENAI_API_KEY"] = "{YOUR_OPENAI_APIKEY}"
embedding = OpenAIEmbeddings( )

# 텍스트 스플리터 생성
text_splitter = RecursiveCharacterTextSplitter(
    # 표시를 위해 아주 작은 chunk 크기를 설정.
    chunk_size=400,
    chunk_overlap=20,
    length_function=len,
    separators=["\n\n", "\n", " ", ""]
)

# 레코드 업서트
batch_size = 100
texts = []
metadatas = []
count = 0

for i, record in enumerate(tqdm(data)):
    # 메타데이터 필드 생성
    metadata = {
        'wiki-id': str(record['id']),
        'source': record['url'],
        'title': record['title']
```

```
    }

    # 텍스트 청크와 메타데이터 생성
    full_text = record['text']
    text_chunks = text_splitter.split_text(full_text)
    for i,text in enumerate(text_chunks): # 최다 메타데이터의 크기는 40K
        record = {
            "chunk":i,
            "text":full_text,
            **metadata
        }
        metadatas.append(record)
        texts.append(text)
        count = count + 1
        if count > batch_size: # flush batch insert
            ids = [str(uuid4()) for _ in range(len(texts))]
            embeds = embedding.embed_documents(texts)
            try:
                index.upsert(vectors=zip(ids,embeds,metadatas))
                # 버퍼 초기화
                texts = []
                metadatas = []
                count = 0
            except Exception as e:
                print(e) # 예외 처리
                print("retry")
                time.sleep(1) # 1초 대기 후 재시도
```

코드를 하나씩 살펴보도록 하자.

1. 먼저 테스트 데이터를 로딩한다. Wikipedia 데이터로 이중에 일부인 100개의 글만 로딩한다.

```
# Load dataset
data = load_dataset("wikipedia", "20220301.simple", split='train[:100]')
```

2. 다음으로 데이터베이스 연결하는데, Pinecone 데이터베이스를 초기화하고, 임베딩을 위해서 OpenAI 임베딩 객체를 생성한다.

```
pinecone.init(api_key="{YOUR_PINECONE_APIKEY}", environment="gcp-starter")
index = pinecone.Index("terry-wiki")

os.environ["OPENAI_API_KEY"] = "{YOUR_OPENAI_APIKEY}"
embedding = OpenAIEmbeddings( )
```

3. 임베딩 전, 위키 문서를 여러 개의 chunk로 분할하기 위해서 랭체인의 RecursiveCharacterTextSpiltter를 선언한다. chunk의 길이는 400자로 하고, overlap 중첩은 20글자로 한다.

```
text_splitter = RecursiveCharacterTextSplitter(
    # Set a really small chunk size, just to show.
    chunk_size=400,
    chunk_overlap=20,
    length_function=len,
    separators=["\n\n", "\n", " ", ""]
)
```

4. 임베딩 API, 데이터, 데이터베이스가 준비가 되었으면 각 문서별로 텍스트를 분리하여 데이터베이스에 입력할 준비를 한다.

5. 먼저 for loop에서 각 문서를 record로 가져온 후에, metadata 필드를 채운다. Metadata 필드는 단일 문서에 대해서는 wiki-id와 source, title이 같기 때문에, 하나의 단일

레코드를 생성하여, DB의 레코드별로 채워 넣는다. 그리고 해당 문서의 전체 텍스트를 full_text에 저장해 놓는다.

```
for i, record in enumerate(tqdm(data)):
    # first get metadata fields for this record
    metadata = {
        'wiki-id': str(record['id']),
        'source': record['url'],
        'title': record['title']
    }

    full_text = record['text']
```

6. 해당 위키 글을 TextSpillter를 이용하여 chunk 단위로 분할한 후에, 각 chunk를 Pinecone에 insert하기 위해서 record를 생성한다.

여기에는 앞서 만든 metadata를 추가하고, 몇 번째 chunk 인지를 나타내는 chunk 번호 필드인 chunk를 추가하고, text 필드에 전체 텍스트를 저장한다. 이렇게 레코드가 생성되면 이를 바로 Pinecone에 insert하지 않고 성능 향상을 위해 여러 개의 레코드를 한꺼번에 insert하는 batch 방식을 사용한다. 이를 위해서 metadatas에 생성한 metadata들을 저장해 놓고 batch 시에 한꺼번에 insert할 예정이다. 그리고 아직 임베딩도 하지 않았기 때문에, 임베딩도 batch insert 시에 한꺼번에 임베딩을 수행하기 위해 texts 버퍼에 append 해 놓는다.

```
text_chunks = text_splitter.split_text(full_text)
for i,text in enumerate(text_chunks): # max medatada size is 40K
    record = {
        "chunk":i,
        "text":full_text,
```

```
        **metadata
    }
    metadatas.append(record)
    texts.append(text)
    count = count + 1
```

Chunk 를 하나씩 처리할 때마다 count를 증가시키고 count가 batch 사이즈를 넘어서면 한꺼번에 다음 예제 코드와 같이 pinecone에 insert를 한다. 이때 각 레코드의 Primary key를 지정하기 위해 uuid를 이용하여 유니크한 id들을 만들어내고, 앞서 texts 버퍼에 저장했던 텍스트 Chunk들을 embedding.embed_documents를 이용하여 한꺼번에 임베딩을 한다.

Id, metadata, embedding이 준비되면 index.upsert를 이용하여 upsert로 batch insert를 한다.

배치 사이즈는 100으로 설정했는데, Pinecone에서는 batch upsert에 대해서 100개의 limit을 권장하고 있다. 그리고 한 번에 전송될 수 있는 upsert request size는 2MB이다(출처: https://docs.pinecone.io/docs/limits). 만약 문장이 많이 길다면 100개가 아니라 숫자를 줄여야 한다.

```
if count > batch_size: # flush batch insert
    ids = [str(uuid4()) for _ in range(len(texts))]
    embeds = embedding.embed_documents(texts)
    try:
        index.upsert(vectors=zip(ids,embeds,metadatas))
        #flush buffers
        texts = []
        metadatas = []
        count = 0
    except Exception as e:
```

```
print(e) # ignore exception
print("retry")
time.sleep(1) # wait 1 sec for retry
```

배치 upsert가 끝나면 count를 0으로 초기화하고 texts, metadatas 버퍼도 초기화한다. 앞선 코드를 보면 try-except Exception 블록으로 에러를 처리하는 구간이 있는데, Pine cone 데이터베이스와 네트워크 연결이 좋지 않거나 일시적인 장애 시 upsert가 안 되는 경우가 있기 때문에 이를 위해서 1초 대기 후 다시 retry하는 로직을 추가하였다. try 블록 안의 코드는 정상적으로 실행되는 부분이고, except 블록 안의 코드는 에러가 발생했을 때 실행되는 부분이다. 이렇게 하면 코드가 실행되는 동안 발생할 수 있는 예외 상황에 대처할 수 있다.

코드를 작성한 후 실행하면, 다음과 같이 pinecone.io 콘솔에서 데이터가 저장된 것을 확인할 수 있다.

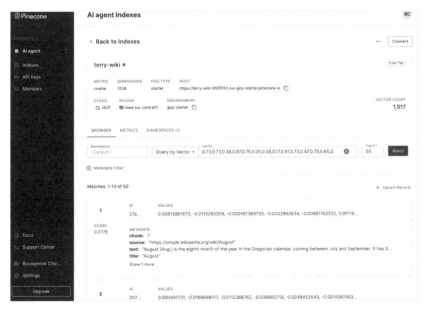

■ pinecone에 입력된 데이터를 조회하는 화면

랭체인 기반으로 구현하기 위해 앞의 코드에서는 Pinecone의 metadata 컬럼에 원본 문서 전체를 text 필드에 저장하였지만, 운영환경에서는 그다지 좋은 방법이라고 할 수 없다. 왜냐하면 하나의 문서가 50개의 chunk로 분할된다면, 이 50개의 레코드에 전체 문서가 50번 중복적으로 저장되기 때문에 저장 용량이 늘어나고, 비용도 많이 들게 된다. 또한 Pinecone의 metadata 필드의 사이즈 제약도 있기 때문에 큰 문서는 저장이 불가능하다. 이런 문제를 보완하기 위한 기법이 여러 가지가 있다. 예를 들어, 각 chunk에 문서 ID만 저장하고 실제 원본 텍스트는 별도의 스토리지 시스템에 저장하는 방법, 원본 문서를 압축하여 저장하는 방법, 긴 문서는 중요한 정보만 추출하여 요약본을 저장하는 방법 등이 있다. 이러한 기법을 통해 데이터 중복을 최소화하고 저장 공간을 효율적으로 사용할 수 있다.

5.1.7 검색하기

임베딩을 저장했으면, 이제 문서를 검색해보자. 아래 예제는 랭체인을 이용하지 않고, Pinecone의 search API를 직접 사용해서 검색하는 방법이다.

```python
import pinecone
import openai
import os
from langchain.embeddings.openai import OpenAIEmbeddings

# 데이터베이스 연결
pinecone.init(api_key="{YOUR_PINECONE_APIKEY}", environment="gcp-starter")
vectordb = pinecone.Index("terry-wiki")

# 임베딩 API 생성
os.environ["OPENAI_API_KEY"] = "{YOUR_OPENAI_APIKEY}"
```

```
embedding = OpenAIEmbeddings( )
question = ["Where is Cuba?"]

embedded_question = embedding.embed_documents(question)

query_result=vectordb.query(
  vector=embedded_question,
  top_k=3,
  include_values=False,
  include_metadata=True
)

# 결과 출력(query_result.matches[0])
result_ids = [ result.id for result in query_result.matches]

for result in query_result.matches:
    id = result.id
    text = result.metadata['text'].replace('\n','')[:500]
    title = result.metadata['title']
    score = result.score
    print(id,score,title)
    print(text,"....")
    print('\n')
```

앞의 코드는 "Where is Cuba?"라는 질문에 대한 유사한 문서를 검색하는 예제이다. 이 텍스트를 검색하려면 먼저 텍스트를 임베딩 벡터로 변환해야 한다. embedding.embed_documents(question)를 이용하여 질문을 임베딩한 후에, index.query를 이용해서 검색을 한다. 이때 메타 데이터를 같이 리턴하도록 include_metadata 플래그를 True로 설정하고, 검색 결과는 3개의 유사한 문장을 찾도록 하였다.

다음 검색 결과를 출력하였다.

a2e665d1-813f-4a4a-bbbe-bfc7d6a04ea6 0.874545693 Cuba

Cuba is an island country in the Caribbean Sea. The country is made up of the big island of Cuba, the Isla de la Juventud island (Isle of Youth), and many smaller islands. Havana is the capital of Cuba. It is the largest city. The second largest city is Santiago de Cuba. In Spanish, the capital is called "La Habana". Cuba is near the United States, Mexico, Haiti, Jamaica and the Bahamas. People from Cuba are called Cubans (cubanos in Spanish). The official language is Spanish. Cuba is warm all y ....

5eb93f4d-b952-4afb-8425-99957f855269 0.855671585 Cuba

Cuba is an island country in the Caribbean Sea. The country is made up of the big island of Cuba, the Isla de la Juventud island (Isle of Youth), and many smaller islands. Havana is the capital of Cuba. It is the largest city. The second largest city is Santiago de Cuba. In Spanish, the capital is called "La Habana". Cuba is near the United States, Mexico, Haiti, Jamaica and the Bahamas. People from Cuba are called Cubans (cubanos in Spanish). The official language is Spanish. Cuba is warm all y ....

a88db03a-1a68-4338-87b1-f44dfdb7291b 0.833445847 Cuba

Cuba is an island country in the Caribbean Sea. The country is made up of the big island of Cuba, the Isla de la Juventud island (Isle of Youth), and many smaller islands. Havana is the capital of Cuba. It is the largest city. The second largest city is Santiago de Cuba. In Spanish, the capital is called "La Habana". Cuba is near the United States, Mexico, Haiti, Jamaica and the Bahamas. People from Cuba are called Cubans (cubanos in Spanish). The official language is Spanish. Cuba is warm all y ....

3개의 chunk가 연관되어 검색되었고, 문서 모두 Cuba에 대한 같은 글을 포인팅하고 있다. 이때 주목할만한 점은 Score 필드인데, 이 필드는 검색된 결과가 얼마나 유사도가 높은지를 나타낸다.

랭체인에서 이렇게 벡터 데이터베이스를 검색하는 방식을 추상화 해놓고, 유사도 검색뿐만 아니라 다양한 방식의 검색 방식을 지원하며 이 기능을 Retriever라고 한다.

▪ 유사도 기반 검색(Similarity)

앞에서 사용한 유사도 기반의 검색을 랭체인의 similarity 기능을 이용하여 검색해보면 다음과 같다. 단순하게 similarity_search를 이용하면 되고, Pinecone의 native API를 사용하는 것과 다르게, 별도로 임베딩하지 않고 일반 텍스트를 입력해도 자동으로 임베딩하여 검색을 수행한다.

코드 예제

```
import pinecone
import openai
import os
from langchain.embeddings.openai import OpenAIEmbeddings

# 데이터베이스 연결
pinecone.init(api_key="{YOUR_PINECONE_APIKEY}", environment="gcp-starter")
vectordb = pinecone.Index("terry-wiki")

# 임베딩 API 생성
os.environ["OPENAI_API_KEY"] = "{YOUR_OPENAI_APIKEY}"
embedding = OpenAIEmbeddings( )
query = "Where is best place for the vacation"

# 유사도 기반 검색 수행
results = vectordb.similarity_search(
    query,  # 검색 쿼리
    k=10    # 가장 관련성 높은 10개의 문서 리턴
)
```

결과에서는 텍스트는 출력하지 않고, 메타데이터만 출력하도록 하였는데, 앞의 예제와는 다르게 유사도 점수(score)는 출력되지 않는다.

```
{'chunk': 13.0, 'source': 'https://simple.wikipedia.org/wiki/Catharism', 'title':
'Catharism', 'wiki-id': '135'}
{'chunk': 4.0, 'source': 'https://simple.wikipedia.org/wiki/Continent', 'title':
'Continent', 'wiki-id': '117'}
{'chunk': 80.0, 'source': 'https://simple.wikipedia.org/wiki/Australia', 'title':
'Australia', 'wiki-id': '27'}
{'chunk': 14.0, 'source': 'https://simple.wikipedia.org/wiki/Continent', 'title':
'Continent', 'wiki-id': '117'}
{'chunk': 15.0, 'source': 'https://simple.wikipedia.org/wiki/City', 'title': 'City',
'wiki-id': '144'}
{'chunk': 33.0, 'source': 'https://simple.wikipedia.org/wiki/City', 'title': 'City',
'wiki-id': '144'}
{'chunk': 22.0, 'source': 'https://simple.wikipedia.org/wiki/Astronomy', 'title':
'Astronomy', 'wiki-id': '48'}
{'chunk': 27.0, 'source': 'https://simple.wikipedia.org/wiki/April', 'title': 'April',
'wiki-id': '1'}
{'chunk': 6.0, 'source': 'https://simple.wikipedia.org/wiki/Crime', 'title': 'Crime',
'wiki-id': '151'}
{'chunk': 16.0, 'source': 'https://simple.wikipedia.org/wiki/Austria', 'title':
'Austria', 'wiki-id': '55'}
```

만약에 문서 검색 결과에 대한 유사도를 출력하고 싶으면 'vectordb.similarity_search_with_score(query)' 메서드를 이용하면 유사도를 함께 출력할 수 있다.

■ 메타 데이터 필터링

앞의 예제에서 벡터 데이터베이스에 데이터를 저장할 때 메타 데이터와 함께 저장하였다. 그렇다면 메타 데이터의 역할은 무엇일까? 쿼리 결과에 함께 리턴된 메타 데이터 자체를 프롬프트 생성에 활용할 수도 있지만 메타 데이터를 이용하여 검색 시 필터링에도 활용할 수 있다.

다음은 메타 데이터를 이용하여 검색을 필터링하는 방법을 설명하는 예제이다. 앞선 예제의 쿼리를 메타 데이터 필터를 이용하여 title = "Cuba"인 레코드만 검색하도록 하면 다음과 같이 검색 부분에 필터링을 추가하면 된다.

코드 예제

```python
query = "Where is cuba"

results = vectordb.similarity_search(
    query,    # 검색 쿼리
    k=10,     # 가장 관련성 높은 10개의 문서 반환
    filter={
    "$and":[
        {"title":"Cuba"},
    ]
})

for result in results:
    print(result.metadata)
```

그러면 다음과 같이 메타 데이터에서 title="Cuba"인 레코드만 리턴된것을 확인할 수 있다.

```
{'chunk': 0.0, 'source': 'https://simple.wikipedia.org/wiki/Cuba', 'title': 'Cuba',
'wiki-id': '178'}
{'chunk': 18.0, 'source': 'https://simple.wikipedia.org/wiki/Cuba', 'title': 'Cuba',
'wiki-id': '178'}
{'chunk': 4.0, 'source': 'https://simple.wikipedia.org/wiki/Cuba', 'title': 'Cuba',
```

'wiki-id': '178'}

{'chunk': 2.0, 'source': 'https://simple.wikipedia.org/wiki/Cuba', 'title': 'Cuba',
'wiki-id': '178'}

{'chunk': 1.0, 'source': 'https://simple.wikipedia.org/wiki/Cuba', 'title': 'Cuba',
'wiki-id': '178'}

{'chunk': 22.0, 'source': 'https://simple.wikipedia.org/wiki/Cuba', 'title': 'Cuba',
'wiki-id': '178'}

{'chunk': 10.0, 'source': 'https://simple.wikipedia.org/wiki/Cuba', 'title': 'Cuba',
'wiki-id': '178'}

{'chunk': 5.0, 'source': 'https://simple.wikipedia.org/wiki/Cuba', 'title': 'Cuba',
'wiki-id': '178'}

{'chunk': 3.0, 'source': 'https://simple.wikipedia.org/wiki/Cuba', 'title': 'Cuba',
'wiki-id': '178'}

{'chunk': 28.0, 'source': 'https://simple.wikipedia.org/wiki/Cuba', 'title': 'Cuba',
'wiki-id': '178'}

메타 데이터를 이용하여 검색 결과를 필터링하면 특정 조건에 맞는 결과만 얻을 수 있다. 이는 대규모 데이터베이스에서 특정 주제나 조건에 맞는 데이터를 효율적으로 검색할 때 매우 유용하다.

▪ 검색 결과의 활용

벡터 데이터베이스에서 연관된 정보를 읽어온 후에는, 이 연관된 정보를 프롬프트에 컨텍스트 정보로 삽입하여, 질문에 대하여 이 정보를 기반으로 답변하도록 한다. 다음은 예제 코드이다. 앞의 위키 정보를 활용한 RAG 데이터베이스를 이용하여, 특정 국가로 여행할 때 즐길거리를 질의하는 코드이다.

코드 예제

```
from langchain import PromptTemplate
from langchain.llms import OpenAI
```

```
llm = OpenAI(openai_api_key="{YOUR_OPENAI_KEY}")

country="Cuba"
chat_template = PromptTemplate.from_template("""
You are the tour guide. I'm planning to visit {country}.
Please advise me what I can do in {country}.
Answer using only information the context below and do not use any other
information."
context:
{context}
"""
)
rag_template = "Where is the {country}"

results = vectordb.similarity_search(rag_template.format(country=country),k=1)
context = ""
for result in results:
    context+=(result.page_content)

prompt= chat_template.format(country="Cuba", context = context)
print(prompt)
print('-'*50)
print(llm(prompt))
print("\n")
```

이 코드는 크게 복잡할 것이 없는 코드로, 벡터 데이터베이스에서 검색된 문장 results를 프롬프트 템플릿을 이용하여, 프롬프트에 삽입한 후 LLM에 질의하였다. 살펴볼 점은 먼 저 프롬프트에서 "You are the tour guide. I'm planning to visit {country}"를 통해 LLM 의 역할을 정의하였고. "Please advise me what I can do in {country}."를 통해 그 나라에 서 즐길 수 있는 것에 대한 질의를 하였고, 마지막에 "Answer using only information the context below and do not use any other information"을 제약 사항으로 추가하였는데, 이 제약 사항 부분이 다소 중요할 수 있다.

LLM 모델에 따라 다르겠지만 일부 모델에서는 RAG에서 검색해온 정보를 컨텍스트로 제공하더라도 LLM이 학습 당시에 가지고 있던 정보를 기반으로 답변을 하는 경우가 있다. 물론 LLM이 기존에 가지고 있던 정보를 참고한다면 더 폭넓은 지식 기반의 답변을 할 수 있지만, RAG 구조를 사용하는 다른 이유 중의 하나는 환각(Halluciation)을 방지하기 위함이다. LLM이 습득하고 있는 지식이 진실이 아닐 수 있기 때문에, RAG에 저장된 정보를 통해서만 답변을 하도록 프롬프트 마지막에 제약 사항을 추가한 것이다.

다음은 결과이다. 쿠바에 대한 정보가 프롬프트에 삽입되었고, 이를 기반으로 쿠바에서의 4개의 여행지를 추천한것을 확인할 수 있다.

You are the tour guide. I'm planning to visit Cuba.
Please advise me what I can do in Cuba.
Answer using only information the context below and do not use any other information."
context:
Cuba is an island country in the Caribbean Sea. The country is made up of the big island of Cuba, the Isla de la Juventud island (Isle of Youth), and many smaller islands. Havana is the capital of Cuba. It is the largest city. The second largest city is Santiago de Cuba. In Spanish, the capital is called "La Habana". Cuba is near the United States, Mexico, Haiti, Jamaica and the Bahamas. People from Cuba are called Cubans (cubanos in Spanish). The official language is Spanish. Cuba is warm all year.

In 1492, Christopher Columbus landed on the island of Cuba. He claimed it for the Kingdom of Spain. Cuba became a Spanish colony until the Spanish-American War of 1898. After the war, it was part of the United States. It gained independence in 1902.
: (중략)

222

As a tour guide, I would recommend the following activities and places to visit in Cuba:

1. Explore Havana: As the capital of Cuba, Havana is a must-visit for anyone traveling to the country. You can take a walking tour of Old Havana to see the historic buildings and learn about the city's past. Don't miss the chance to visit Plaza de la Catedral, the famous Malec n promenade, and the impressive Capitolio building.

2. Visit Vi ales Valley: Located in the western part of Cuba, Vi ales Valley is a UNESCO World Heritage Site known for its stunning natural beauty. Take a tour of the tobacco farms and learn about the process of making cigars. You can also go hiking, horseback riding, or caving in the nearby Sierra de los rganos mountains.

3. Relax at Varadero Beach: Cuba is home to many beautiful beaches, but Varadero is the most famous one. You can spend a day lounging on the white sandy beach, swimming in the crystal-clear waters, and trying out water sports like snorkeling and diving.

4. Learn about Cuban history: Cuba has a rich and complex history that is worth exploring. Visit the Museum of the Revolution in Havana to learn about the

----

▪ MultiQuery(멀티 쿼리)

질문에 답변하기 위해 필요한 정보가 여러 개일 때는 어떻게 해야 할까? 질문을 하나의 벡터로 바꿔서 검색하게 되면 전체 질문과 유사한 정보만 가져오게 된다. 하지만 질문의 각 요소에 대한 정보를 얻기 위해서는 여러 가지 정보를 따로 가져와야 한다.

예를 들어 "쿠바가 있는 위치는? 그리고 쿠바와 가장 가까운 나라는?" 이 질문에 답하기 위해서는 몇가지 다음과 같은 정보가 필요하다.

- 쿠바의 지리적 위치

- 쿠바가 위치한 곳의 인접국가

- 인접국가 중에서 쿠바와 가장 가까운 나라

이렇게 하나의 질문에 여러 개의 정보가 필요한 경우 사용할 수 있는 Retriever가 랭체인의 MultiQuery Retriever이다.

MultiQuery Retriever는 LLM(ChatGPT와 같은)을 이용하여 먼저 질문을 분석하여, 하나의 질문을 여러 개의 질문으로 쪼개서 이 분리된 질문을 기반으로 임베딩을 검색한다.

다음은 "쿠바가 있는 위치와 가장 가까운 나라"를 질의하는 쿼리를 MultiQuery Retriever를 이용하여 구현한 예제이다.

코드 예제

```
import pinecone
import openai
import logging
import os
from langchain.retrievers.multi_query import MultiQueryRetriever
from langchain.embeddings.openai import OpenAIEmbeddings
from langchain.chat_models import ChatOpenAI
from langchain.vectorstores import Pinecone

# 임베딩 API 생성
os.environ["OPENAI_API_KEY"] = "{YOUR_OPENAI_KEY}"
embedding = OpenAIEmbeddings( )
llm = ChatOpenAI( )

# 데이터베이스 연결
pinecone.init(api_key="{YOUR_PINECONE_APIKEY}f", environment="gcp-starter")
index = pinecone.Index("terry-wiki")
text_field = "text"
```

```
vectordb = Pinecone(
    index, embedding.embed_query, text_field
)


logging.basicConfig( )
logging.getLogger("langchain.retrievers.multi_query").setLevel(logging.INFO)


query = "Where is the cuba? Where is other country near the cuba?"
retriever_from_llm = MultiQueryRetriever.from_llm(
    retriever=vectordb.as_retriever( ), llm=llm
)
docs = retriever_from_llm.get_relevant_documents(query=query)
for doc in docs:
    print(doc.metadata)
```

MultiQueryRetriever가 질문을 이해해서 작동하는 과정을 알아보기 위해서 multi_query에 대한 logger를 INFO 레벨로 조정하였다.

실행하면 다음과과 같은 디버깅 메시지를 확인할 수 있다. 질문에 대한 답을 하기 위해서 다음과 같이 3개의 질문으로 분리된 것을 볼 수 있다. 쿠바의 위치, 쿠바와 인접한 국가 그리고 쿠바와 가까운 국가.

```
['1. What is the location of Cuba?', '2. Can you provide information on the
neighboring countries of Cuba?', '3. Which countries are situated close to Cuba?']
```

실행 결과는 다음과 같다. Cuba에 대한 위키 포스트뿐만 아니라 Argentina에 대한 위키 포스트도 같이 검색된 것을 확인할 수 있다.

실행 결과

```
{'chunk': 0.0, 'source': 'https://simple.wikipedia.org/wiki/Cuba', 'title': 'Cuba',
'wiki-id': '178'}
```

{'chunk': 18.0, 'source': 'https://simple.wikipedia.org/wiki/Cuba', 'title': 'Cuba',
'wiki-id': '178'}

{'chunk': 2.0, 'source': 'https://simple.wikipedia.org/wiki/Cuba', 'title': 'Cuba',
'wiki-id': '178'}

{'chunk': 1.0, 'source': 'https://simple.wikipedia.org/wiki/Cuba', 'title': 'Cuba',
'wiki-id': '178'}

{'chunk': 4.0, 'source': 'https://simple.wikipedia.org/wiki/Cuba', 'title': 'Cuba',
'wiki-id': '178'}

{'chunk': 22.0, 'source': 'https://simple.wikipedia.org/wiki/Cuba', 'title': 'Cuba',
'wiki-id': '178'}

{'chunk': 22.0, 'source': 'https://simple.wikipedia.org/wiki/Argentina', 'title':
'Argentina', 'wiki-id': '54'}

{'chunk': 35.0, 'source': 'https://simple.wikipedia.org/wiki/Cuba', 'title': 'Cuba',
'wiki-id': '178'}

이 예제를 통해 MultiQueryRetriever가 어떻게 여러 개의 질문으로 나눠서 정보를 검색하는지, 그리고 그 결과를 효과적으로 가져오는지 확인할 수 있다. 이 방식은 복잡한 질문에 대한 포괄적인 답변을 제공하는 데 매우 유용하다.

■ Contextual Compression(문맥 요약)

벡터 데이터베이스에서 관련된 문서를 찾아온 후에, 이 문서의 내용을 프롬프트에 컨텍스트 정보로 삽입하여 LLM에 전달해야 한다. 그런데 LLM은 입력 사이즈에 대한 한계가 있기 때문에, 검색해온 문서의 크기가 클 경우에는 입력 사이즈 제한에 걸려서 프롬프트에 삽입하지 못할 수 있다. 프롬프트에 넣을 수 있는 사이즈라 하더라도, 원본 문서는 질문에 대한 답변을 줄 수 있는 정보뿐만 아니라 관련없는 텍스트가 많이 포함되어 있을 수 있다. 이런 문제를 해결하는 방법 중 하나는 LLM을 이용하여 검색된 문서를 질의와 상관있는 정보 위주로 요약해서 프롬프트에 삽입하면 된다.

이런 일련의 작업을 랭체인에서는 LLM을 이용한 Contextual Compression Retriever라

226

는 기능으로 제공한다. 벡터 데이터베이스에서 검색해온 문서를 LLM을 이용하여 자동 요약하여 리턴해준다.

사용법은 의외로 간단하다.

코드 예제

```python
import pinecone
import openai
import logging
import os
from langchain.retrievers import ContextualCompressionRetriever
from langchain.retrievers.document_compressors import LLMChainExtractor
from langchain.embeddings.openai import OpenAIEmbeddings
from langchain.llms import OpenAI
from langchain.vectorstores import Pinecone

# 임베딩 API 및 LLM 생성
os.environ["OPENAI_API_KEY"] = "{YOUR_OPENAI_APIKEY}"
embedding = OpenAIEmbeddings( )
llm = OpenAI( )

# 데이터베이스 연결
pinecone.init(api_key="{YOUR_PINECONE_APIKEY}", environment="gcp-starter")
index = pinecone.Index("terry-wiki")
text_field = "text"
vectordb = Pinecone(
    index, embedding.embed_query, text_field
)


compressor = LLMChainExtractor.from_llm(llm)
compression_retriever = ContextualCompressionRetriever(
    base_compressor = compressor,base_retriever = vectordb.as_retriever( ))
```

```
query = "Where is the best locaction for vacation?"
docs = compression_retriever.get_relevant_documents(query,k=5)
for doc in docs:
    print(doc)
    print("\n")
```

앞의 예제와 마찬가지로, Pinecone 데이터베이스 연결을 생성하고, 임베딩 API로 사용할 OpenAIEmbedding 객체를 생성한다. 추가로, 검색된 텍스트에 대한 요약을 LLM을 사용하기 때문에 OpenAI LLM 객체를 생성하여 'llm'에 저장하였다.

```
compressor = LLMChainExtractor.from_llm(llm)
compression_retriever = ContextualCompressionRetriever(
    base_compressor = compressor,base_retriever = vectordb.as_retriever( ))
```

다음으로, 검색된 텍스트를 요약할 Extractor를 생성한다. LLMChainExtractor라는 이름으로 앞에서 생성한 OpenAI( ) LLM 객체를 사용하도록 하였다. 그리고 Contextual-CompressionRetriever를 생성하고, LLMChainExtract를 지정하고, 검색에 사용할 데이터베이스를 지정한다.

이렇게 Retriever가 생성되었으면 get_relevant_documents를 이용하여, 유사 문서를 검색한다.

다음은 실행 결과이다. 원본 위키 문서가 수백 줄에 해당하는데 반해서 다음 결과는 수줄 내로 텍스트의 내용을 요약한 것을 확인할 수 있다.

```
page_content='Austria (, ;  ), officially the\xa0Republic of Austria ( ), is a
country in Central Europe. Around Austria there are the countries of Germany,
Czech Republic, Slovakia, Hungary, Slovenia, Italy, Switzerland, and Liechtenstein.
The people in Austria speak German, a few also speak Hungarian, Slovenian and
```

Croatian. The capital of Austria is Vienna (Wien).' metadata={'chunk': 10.0, 'source': 'https://simple.wikipedia.org/wiki/Austria', 'title': 'Austria', 'wiki-id': '55'}

page_content='The sizes of cities can be very different. This depends on the type of city. Cities built hundreds of years ago and which have not changed much are much smaller than modern cities. There are two main reasons. One reason is that old cities often have a city wall, and most of the city is inside it. Another important reason is that the streets in old cities are often narrow. If the city got too big, it was hard for a cart carrying food to get to the marketplace. People in cities need food, and the food always has to come from outside the city.\n\nUrban history \n\nUrban history is history of civilization. The first cities were made in ancient times, as soon as people began to create civilization . Famous ancient cities which fell to ruins included Babylon, Troy, Mycenae and Mohenjo-daro.\n\nBenares in northern India is one among the ancient cities which has a history of more than 3000 years. Other cities that have existed since ancient times are Athens in Greece, Rome and Volterra in Italy, Alexandria in Egypt and York in England.' metadata={'chunk': 15.0, 'source': 'https://simple.wikipedia.org/wiki/City', 'title': 'City', 'wiki-id': '144'}

page_content='There are no strict rules for what land is considered a continent, but in general it is agreed there are six or seven continents in the world, including Africa, Antarctica, Asia, Europe, North America, Oceania(or Australasia), and South America.' metadata={'chunk': 4.0, 'source': 'https://simple.wikipedia.org/wiki/Continent', 'title': 'Continent', 'wiki-id': '117'}

page_content='August is named for Augustus Caesar who became Roman consul in this month.' metadata={'chunk': 17.0, 'source': 'https://simple.wikipedia.org/wiki/August', 'title': 'August', 'wiki-id': '2'}

이와 같이 Contextual Compression을 통해 검색된 문서를 요약하여 프롬프트에 삽입함으로써 LLM의 입력 제한을 극복하고, 질문에 대한 관련 정보만 포함하여 정확한 답변을 도출할 수 있다.

■ LLMFilter

Retriever를 이용해서 검색한 내용은 전체 문서를 chunk 단위로 나눈 텍스트에 대한 임베딩 데이터로 검색하였기 때문에, 전체 문서를 대표하는 데 어려움이 있다. 예를 들어, 휴가지에 대한 질의의 검색 결과로 어떤 문서가 리턴되었을 때, 그 문서에 휴가지에 대한 내용이 한 줄이고 나머지 99줄이 다른 내용이라 하더라도 휴가지에 대한 한 줄 문서의 임베딩 값에 의해 그 문서가 검색될 수 있다.

그래서 검색된 문서가 실제로 질의와 많은 연관성이 있는지 다시 확인해서 연관성이 낮다면 그 문서를 제거하고 다른 문서를 사용하는 것이 더 좋은 결과를 얻을 수 있다. 이러한 기능을 지원하는 것이 LLMFilter이다. LLMFilter는 ContextualCompressionRetriever와 같이 사용될 수 있으며, 검색된 결과 문서가 질의와 연관성이 얼마나 높은지를 LLM을 이용하여 판단하고, 연관성이 높지 않다면 그 문서를 제거하는 기능을 한다.

사용법은 매우 간단하다. ContextualCompressionRetriever 부분에서 LLMExtract 대신 LLMChainFilter를 사용하도록 하면 된다.

코드 예제

```
import pinecone
import openai
import logging
import os
from langchain.retrievers import ContextualCompressionRetriever
from langchain.retrievers.document_compressors import LLMChainFilter
from langchain.embeddings.openai import OpenAIEmbeddings
from langchain.llms import OpenAI
```

```
from langchain.vectorstores import Pinecone

# 임베딩 API 및 LLM 생성
os.environ["OPENAI_API_KEY"] = "{YOUR_OPENAI_APIKEY}"
embedding = OpenAIEmbeddings( )
llm = OpenAI( )

# 데이터베이스 연결
pinecone.init(api_key="{YOUR_PINECONE_APIKEY}", environment="gcp-starter")
index = pinecone.Index("terry-wiki")
text_field = "text"
vectordb = Pinecone(
    index, embedding.embed_query, text_field
)
```

```
filter = LLMChainFilter.from_llm(llm)
compression_retriever = ContextualCompressionRetriever(
    base_compressor = filter,base_retriever = vectordb.as_retriever( ),k=2)
```

```
query = "Where is the best locaction for vacation?"
docs = compression_retriever.get_relevant_documents(query)
for doc in docs:
    print(doc)
    print("\n")
```

LLMChainFilter를 사용하면 LLM을 이용하여 의미상 질문과 관련 없는 정보를 걸러낼 수 있지만, LLM 모델을 호출해야 하기 때문에, 속도가 느리고 추가적인 비용이 든다. 이를 보완하는 방법으로 LLMChainFiltere 대신 EmbeddingsFilter를 사용하는 방법이 있다. 이 방식은 검색된 문서와 질의의 임베딩 벡터 간의 유사도를 측정하여 검색된 문서가 얼마나 연관성이 있는지를 판단한다.

데이터베이스에서 질문을 임베딩 벡터로 이미 검색했기 때문에 같은 내용이라고 착각할 수도 있지만, 벡터 데이터베이스에서의 검색은 질문과 임베딩된 문장 간의 검색이고, EmbeddingFilter는 검색된 질문과 검색된 문서 간의 유사도 비교이기 때문에 다르다고 볼 수 있다.

따라서, 더 높은 정확성과 효율성을 위해 각 방법의 장단점을 고려하여 적절히 선택하여 사용하는 것이 중요하다.

■ Filter와 Extractor를 함께 사용하기

앞서 Contextual Compressor에서 LLMChainExtractor와 LLMChainFilter 등을 살펴봤는데, 이를 같이 사용할 수는 없을까? 예를 들어 관련 없는 문서들을 LLMChainFilter를 통해서 제거하고, 관련된 문서들만 LLM을 통해서 요약하는 유스케이스를 구현할 수 없을까? ContextualCompressorRetriever는 Extractor 부분에 여러 필터를 파이프라인식으로 연결함으로써 이 기능들을 같이 적용할 수 있다.

다음 코드는 파이프라인을 적용한 코드로 먼저 EmbeddingsRedundantFilter를 적용하였다. 앞에서는 소개하지 않은 필터인데, 벡터 데이터베이스를 검색하면 많은 비율로 같은 문서가 검색 결과로 나오는 경우가 있다. 이유는 하나의 문서가 여러 개의 chunk로 분할되어 벡터 데이터베이스에 저장되기 때문에, 검색이 chunk 단위로 이루어지게 되고 그로 인해 한 문서에 유사한 내용이 있는 chunk가 많기 때문이다. 이는 같은 문서가 검색되게 되어 참조 정보에 대한 다양성을 저해할 수 있기 때문에 top-k 값을 늘려서 검색 결과의 수를 늘리고 그중에서 중복된 문서를 제거하면 다양한 검색 결과를 얻을 수 있다.

중복을 제거한 후에는 앞에서 살펴보았던 Extractor를 통해서 검색 결과를 요약하고, LLM Filter를 이용하여 관계 없는 문서를 제거하도록 하였다.

```
from langchain.llms import OpenAI
import pinecone
import os
from langchain.embeddings.openai import OpenAIEmbeddings
from langchain.vectorstores import Pinecone
from langchain.retrievers import ContextualCompressionRetriever
from langchain.retrievers.document_compressors import LLMChainFilter
from langchain.retrievers.document_compressors import LLMChainExtractor
from langchain.retrievers.document_compressors import DocumentCompressorPipeline
from langchain_community.document_transformers import EmbeddingsRedundantFilter

# 임베딩 API 생성
os.environ["OPENAI_API_KEY"] = "{YOUR_OPENAI_KEY}"
llm = OpenAI(temperature=0)
embedding = OpenAIEmbeddings( )

# 데이터베이스 연결
pinecone.init(api_key="{YOUR_PINECONE_APIKEY}", environment="gcp-starter")
index = pinecone.Index("terry-wiki")
text_field = "text"
vectordb = Pinecone(
    index, embedding.embed_query, text_field
)
```

```
llm_filter = LLMChainFilter.from_llm(llm)
llm_extractor = LLMChainExtractor.from_llm(llm)
redundant_filter = EmbeddingsRedundantFilter(embeddings=embedding)


pipeline_compressor = DocumentCompressorPipeline( transformers=[redundant_
filter,llm_extractor,llm_filter])
```

```
compression_retriever = ContextualCompressionRetriever(
    base_compressor = pipeline_compressor,base_retriever = vectordb.as_
retriever( ),k=10)

#query = "Where is the best place for summer vacation?"
query ="Where is the cuba? and nearest country by the Cuba?"
docs = compression_retriever.get_relevant_documents(query)
for doc in docs:
    print(doc)
    print("\n")
```

앞의 코드에서는 여러 필터를 파이프라인으로 연결하여 더욱 정교한 검색을 수행한다. EmbeddingsRedundantFilter를 사용하여 중복된 문서를 제거하고, LLMChainExtractor를 통해 문서를 요약하며, 마지막으로 LLMChainFilter를 통해 관련성이 낮은 문서를 제거한다. 이렇게 하면 검색된 결과의 정확성과 관련성을 높일 수 있다.

■ Parent Child Doc Retriever

지금까지 살펴본 Retriever들은, chunk의 원본 문서 또는 문장을 벡터 데이터베이스에 저장할 때 text 필드에 저장하였다. 보통 한 문서 또는 한 문장은 여러 개의 chunk로 분할되어 각각 저장되기 때문에 원본 텍스트가 중복되어 저장되는 문제점이 있고, 이로 인해 데이터베이스 용량이 커지는 문제가 있다. 또는 원본 문서의 크기가 클 경우 데이터베이스 싱글 컬럼에 저장할 수 없는 문제도 발생할 수 있다.

이러한 문제를 해결하기 위한 구조가 바로 'parent-child chunking'이라고 하며, 랭체인에서는 'ParentDocumentRetriever'를 통해 이 구조를 지원한다.

기본 원리는 chunk를 저장할 때 chunk에 대한 원본 텍스트를 저장하지 않고, 원본 문서는 별도의 문서 저장소에 저장한 후, 검색된 chunk의 원본 문서에 대한 포인트를 가지고 문서 저장소에서 원본 문서를 찾아오는 방식이다.

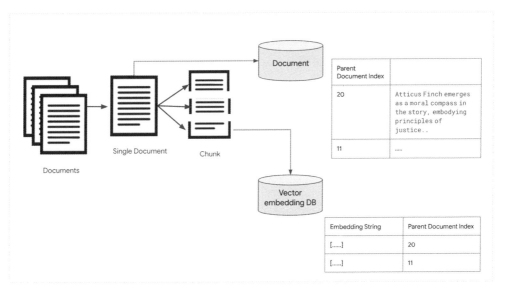

■ Parent-Child Chunking 구조

ParentChildRetreiver를 사용하려면 문서를 벡터 데이터베이스에 저장하는 것 부터 Retriever를 사용해야 한다.

다음 예제는 ./Korea_info라는 디렉토리에 들어있는 한국 관련 정보 파일들(Korea Transport.txt, Korea things todo.txt, Korean food.txt, Korean tourist destination.txt 파일 4개)을 작은 chunk로 분할한 후, Pinecone 벡터 데이터베이스에 임베딩된 형태로 저장하고, 원본 문서의 내용은 메모리에 저장해서 chunk 단위로 검색한 후, chunk가 포함된 원본 문서 전체를 리턴하는 코드이다.

문서를 저장하는 예제를 먼저 살펴보자.

코드 예제

```
import os
from langchain_community.document_loaders import TextLoader
from langchain.storage import InMemoryStore
from langchain.text_splitter import RecursiveCharacterTextSplitter
from langchain_community.document_loaders import TextLoader
```

```python
from langchain.retrievers import ParentDocumentRetriever
from langchain.embeddings.openai import OpenAIEmbeddings
from langchain.llms import OpenAI
from langchain.vectorstores import Pinecone
import pinecone

# 문서 로드
text_dir = "./Korea info"
files = os.listdir(text_dir)
txt_files = [file for file in files if file.endswith(".txt")]

docs = []
print(files)
for file in txt_files:
    docs.extend(TextLoader(text_dir+"/"+file).load())

# 임베딩 API 생성
os.environ["OPENAI_API_KEY"] = "{YOUR_OPENAI_KEY}"
embedding = OpenAIEmbeddings()

# 데이터베이스 연결
pinecone.init(api_key="{YOUR_PINECONE_APIKEY}")
index = pinecone.Index("terry-korea")
text_field = "text"
vectordb = Pinecone(
    index, embedding.embed_query, text_field
)

# 텍스트 스플리터 생성
child_splitter = RecursiveCharacterTextSplitter(
    # 예시를 보여주기 위해 아주 작은 청크 크기로 설정
    chunk_size=400,
    chunk_overlap=20,
```

```
        length_function=len,
    )

    # 원본 문서를 저장할 스토리지 레이어
    store = InMemoryStore( )
    retriever = ParentDocumentRetriever(
        vectorstore=vectordb,
        docstore=store,
        child_splitter=child_splitter,
    )
    retriever.add_documents(docs, ids=None)
```

1. 코드를 각 단계로 나눠서 설명하면, 첫 번째로 ./Korea info 디렉토리에 있는 파일명을 docs 리스트에 저장한다.

```
text_dir = "./Korea info"
files = os.listdir(text_dir)
txt_files = [file for file in files if file.endswith(".txt")]

docs = []
print(files)
for file in txt_files:
    docs.extend(TextLoader(text_dir+"/"+file).load( ))
```

2. 다음으로 임베딩에 사용할 OpenAIEmbedding API 객체를 생성하고, Pinecone 벡터 데이터베이스를 연결한다.

```
os.environ["OPENAI_API_KEY"] = "{YOUR_OPENAI_KEY}"
embedding = OpenAIEmbeddings( )
```

```
pinecone.init(api_key="{YOUR_PINECONE_APIKEY}")
index = pinecone.Index("terry-korea")
text_field = "text"
vectordb = Pinecone(
    index, embedding.embed_query, text_field
)
```

3. 문서를 여러 Chunk로 나누기 위해서 TextSplitter를 선언한다. 400자 단위로 Chunk
   를 나누도록 하고, 앞의 Chunk와 20자를 중첩하도록 한다.

```
child_splitter = RecursiveCharacterTextSplitter(
    chunk_size=400,
    chunk_overlap=20,
    length_function=len,
)
```

4. 준비가 끝났으면, ParentDocumentRetriever와 원본 문서를 저장할 InMemoryStore
   를 생성하고, 'reteriver.add_documents'를 이용하여 문서들을 지정하면, 문서를 자동
   으로 chunk로 나눠서 벡터 데이터베이스에 저장하고, 원본 문서는 메모리에 저장하
   게 된다.

```
store = InMemoryStore( )
retriever = ParentDocumentRetriever(
    vectorstore=vectordb,
    docstore=store,
    child_splitter=child_splitter,
)
retriever.add_documents(docs, ids=None)
```

간단하게 구현하기 위해서 메모리 스토어를 사용하였지만, 운영 환경에서는 적합하지 않다. 코드가 리스타트되게 되면, 메모리에 저장된 문서는 휘발성으로 지워지기 때문에 운영 환경에서는 파일 시스템이나 Redis 스토어를 사용하기 바란다. 로컬 파일 시스템 스토어는 https://python.langchain.com/docs/integrations/stores/file_system에 그리고 Redis 스토어는 https://python.langchain.com/docs/integrations/stores/redis에서 찾을 수 있다. 이렇게 저장한 Chunk를 검색해보자.

```python
# retrieve chunk
import json
from IPython.display import JSON

query = "What I can do in Korea ?"
sub_docs = vectordb.similarity_search(query)
print(sub_docs)
```

결과는 다음과 같다. 검색된 chunk가 출력되었다.

실행 결과

```
Document(page_content='18. Learn Korean Culture - Dive into cultural immersion
by learning age old handicrafts like pottery making or folk crafts like knotting
fabric at camps designed to teach traditional practices at locales like Korean Folk
Villages with talented elder masters imparting insightful customs through these
time treasured arts.', metadata={'doc_id': '04673254-b6cb-40a3-b5f8-2f93bd5af4d1',
'source': './Korea info/Korea things todo.txt'}), .... 중략
```

만약 이 chunk가 포함된 parent 문서를 리턴하려면 get_relevant_documents 메서드를 사용하면 된다. 이 메서드는 주어진 질의에 대해 가장 관련성이 높은 문서를 검색하여 리턴하는 기능을 한다.

```
# Retrieve full document
retrieved_docs = retriever.get_relevant_documents("query")
print(retrieved_doccs)
```

이렇게 Parent-Child 구조를 활용하여 효율적으로 문서를 저장하고 검색할 수 있다.

■ Parent Chunking 사용하기

Parent Retriever는 원본 문서를 리턴할 수 있기 때문에, 전체 컨텍스트를 풍부하게 제공할 수 있는 장점이 있지만, 만약에 원본 문서 자체가 큰 경우라면, LLM Input 윈도우 사이즈 한계와 비용 문제 때문에 사용이 어렵다. 이런 문제를 해결하기 위한 방법으로 문서를 Large chunk로 나눠서 문서 저장소에 저장하고 이 Large chunk를 다시 small chunk로 나눠서 임베딩으로 인덱스하는 방법이다.

즉 앞의 방법이 Parent Document → Small Chunk 두 단계로 나눈 후에, 검색 결과로 Parent Document를 리턴했다면, 이 방식은 Parent Document → Large Chunk → Small Chunk 3단계로 나눈 후에, Large Chunk를 리턴하는 방식이다.

코드는 아래 변경되는 부분만 추가하였다.

먼저 Large Chunk 생성에 사용할 TextSpiltter를 선언한다. 여기서는 RecursiveCharacterTextSpiltter를 이용하여 2000자 단위로 LargeChunk를 사용하도록 하였다. 그리고 생성된 parent_spiltter를 ParentDocumentRetriever에 지정한다.

```
# 텍스트 스플리터 생성
parent_splitter = RecursiveCharacterTextSplitter(chunk_size=2000)
child_splitter = RecursiveCharacterTextSplitter(
    chunk_size=400,
    chunk_overlap=20,
    length_function=len,
)
```

```
# 원본 문서를 저장할 스토리지 레이어
store = InMemoryStore( )
retriever = ParentDocumentRetriever(
    vectorstore=vectordb,
    docstore=store,
    child_splitter=child_splitter,
    parent_splitter=parent_splitter,
)
retriever.add_documents(docs, ids=None)
```

이렇게 문서를 저장한 후에, 다음 코드를 이용하여 검색을 한 결과를 보면, 검색된 문서의 길이가 2000자 내외로 나눠진 전체 문서가 아니라 2000자 내외로 나눠진 Large Chunk 가 리턴되었음을 확인할 수 있다.

```
retrieved_docs = retriever.get_relevant_documents("query")
print(len(retrieved_docs[0].page_content))
```

실행 결과는 다음과 같다.

```
1915
```

이 방식은 전체 문서를 나누어 처리하기 때문에, LLM의 입력 한계를 극복하면서도 필요한 정보를 충분히 포함할 수 있다.

LLM 모델은 기본적으로 학습 당시에 저장된 데이터만을 기반으로 답변을 한다. RAG를 이용하여 외부의 벡터 데이터베이스에 있는 내용을 참고하여 지식 데이터를 확장할 수 있지만, 이 역시 저장한 문서에만 해당된다. 그렇다면 LLM 애플리케이션을 데이터를 확장하고 싶다면 어떻게 해야 할까? 예를 들어, LLM에 저장되지 않은 데이터를 구글 서치 엔진을 통해 검색하거나 유튜브의 비디오 스크립트를 참고할 수 있으며, 회사 내부 데이터베이스의 정보를 활용할 수 있다면 어떨까?

이러한 요구사항에 부합하여 LLM이 외부 정보를 참고하여 답변을 할 수 있도록 제공하는 컴포넌트가 랭체인의 에이전트(Agent)와 툴(Tool)이다.

기본 LLM에는 없는 기능으로, 외부 도구를 통합하여 연결함으로써 LLM의 기능을 확장시키는 구조로 랭체인에서 가장 유용한 기능 중에 하나이다. 에이전트와 툴의 동작 개념을 살펴보면 다음과 같다.

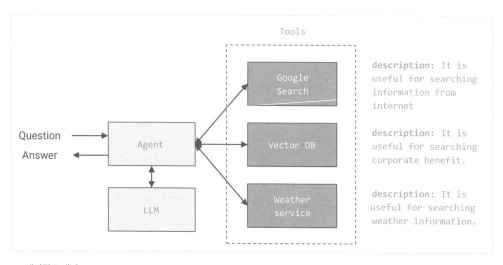

■ 에이전트 개념

1. 질문을 에이전트가 받으면, 이 질문을 답변할 수 있는 방법을 생각한다. 이 과정에서 LLM을 사용하여 답변이 가능한지 판단하고, 가능하다면 답변을 제공한다.

2. 만약에 LLM으로 답변이 불가능하다면 등록되어 있는 외부 툴들을 참고한다. 각 툴은 툴이 수행할 수 있는 기능을 설명하는 필드(description)에 텍스트로 서술해 놓았다. 예를 들어 "2023년 골프 PGA 우승자 정보를 알고 싶다"라는 질문이 들어오면, 에이전트는 LLM에 이 정보가 없다면, "이 정보를 모르니 인터넷에서 검색해야 겠다."라고 판단하고 Google Search Tool을 사용하여 인터넷에서 정보를 검색하고, 그 결과에서 우승자 정보를 추출하는 방식으로 사용한다.

즉 에이전트는 어떤 정보가 필요한지를 판단해서 질문을 다시 정의하고, 이 질문에 맞는 툴을 호출하여 정보를 추출하고, 추출한 정보를 분석하여 답변할 수 있는지 판단한 후, 답변에 추가적인 정보가 필요하다면 다시 질문하고, 질문에 맞는 툴을 선택하는 과정을 반복하여 답변에 도달한다. 이러한 패턴을 ReAct 패턴이라고 하는데, 'Reasoning + Action'의 합성어이다. 한글로 번역하자면 추리와 행동 정도로 볼 수 있다.

예를 들어 "서울 유명 관광지 주변의 음식점과 그 음식점의 유명한 음식을 알고 싶다"는 질문이 있다고 하자.

Google Search Tool을 가지고 있는 에이전트는 다음과 같은 과정을 통해 답변을 찾고자 툴을 이용하여 정보를 수집하고, 필요한 정보를 얻기 위해 질문을 재정의하며 툴을 통해서 답변에 도달하게 된다. 에이전트는 결과에 도달하기 위해서 Thought, Action, Action Input, Observation의 단계를 거치게 된다. 이 단계에 대한 디테일함은 뒤에서 다시 설명하겠지만, 요약하면 다음과 같다.

- **Thought:** 다음 단계를 실행하기 위해 스스로 사고하고 판단하는 과정이다.
- **Agent:** Thought에 따라서 사용할 툴이다.
- **Agent Input:** 툴에 전달하는 인자이다.

* **Observation:** 에이전트 를 통해서 얻은 결과이다.

질문	서울 유명 관광지 주변의 음식점과 그 음식점의 유명한 음식을 알고 싶다
Thought	먼저 서울 유명 관광지 정보가 필요하다. 구글 검색을 통해서 검색해야 겠다.
Action	Google Search Tool
Action Input	서울 유명 관광지 정보를 검색한다.
Observation	검색 결과 서울 유명 관광지는 경복궁이다.
Thought	이제 서울 유명 관광지가 "경복궁" 인것을 알았다. 경복궁 근처의 유명 식당 정보가 필요하다. 이를 구글 검색을 통해서 검색해야겠다.
Action	Google Search Tool
Action Input	경복궁 주변의 유명 식당 검색.
Observation	검색 결과 홍길동 레스토랑
Agent	홍길동 레스토랑이 경복궁 주변의 유명한 식당이라는 것을 알았다. 홍길동 식당의 유명한 메뉴 정보가 필요하다. 구글 검색 도구를 이용하여 검색해야겠다.
Action	Google Search Tool
Action Input	홍길동 식당의 유명한 메뉴
Observation	삼계탕
Thought	모든 필요한 정보를 얻었으니 답변을 조합하여 답해야겠다.
결과	서울의 유명한 관광지는 경복궁이며, 그 근처에 유명한 식당은 삼계탕으로 유명한 홍길동 식당 입니다.

이와 같이 에이전트와 툴을 통해 LLM의 기능을 확장하면, 실시간 데이터 검색 및 다양한 외부 정보와의 연동을 통해 더욱 풍부하고 정확한 답변을 제공할 수 있다.

5.2.1 Google Search Tool

이번 절에서는 에이전트와 툴의 사용법을 실제 예제를 통해서 알아보도록 하자. 이 예제는 구글 검색 엔진을 통해서 필요한 정보를 검색하고, LLM 애플리케이션이 이 정보를 참고해서 답변을 생성하는 애플리케이션을 구현한다. Google Search API를 서비스로 제공하는 Serper 서비스(https://serper.dev/)를 사용한다. 이 서비스를 사용하기 위해서는 Serper 서비스에 접속하여 가입하여 API 키를 발급받는다.

■ https://serper.dev/

사이트에 가입한 후 검색 API를 사용하기 위해서 API 키를 발급받아야 한다. 로그인을
한 후 대쉬보드이 왼쪽 메뉴에서 'API Key'를 선택하면 API 키를 생성하여 얻을 수 있다.

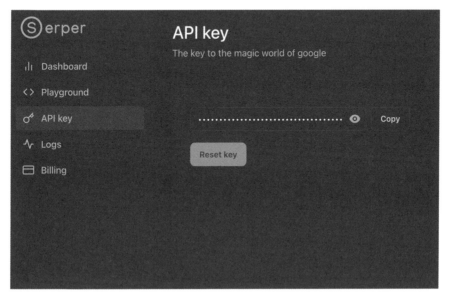

■ Serper API Key 생성 화면

Serper API Key를 발급받았으면 코드를 작성해보자.

```python
from langchain.llms.openai import OpenAI
from langchain.utilities import GoogleSerperAPIWrapper
from langchain.agents import initialize_agent, Tool
from langchain.agents import AgentType
import os

# 환경 변수로 API 키 설정
os.environ["OPENAI_API_KEY"] = "{YOUR_OPENAI_KEY}"
os.environ["SERPER_API_KEY"] = "{YOUR_SERPER_APIKEY}"


model = OpenAI( )

# Google Search 툴 초기화
google_search = GoogleSerperAPIWrapper( )
tools = [
    Tool(
        name="Intermediate Answer",
        func=google_search.run,
        description="useful for when you need to ask with search"
    )
]

# 에이전트 초기화
agent = initialize_agent(tools = tools,
                        llm = model,
                        agent=AgentType.SELF_ASK_WITH_SEARCH,
                        verbose=True)

# 에이전트 실행
agent.run("What is the hometown of the 2001 US PGA champion?")
```

이 코드는 다음과 같은 과정으로 진행된다.

- 1. **API 키 설정:** os.environ을 사용하여 OpenAI와 Serper의 API 키를 환경 변수로 설정한다.

- 2. **모델 및 툴 초기화:** OpenAI 모델과 GoogleSerperAPIWrapper를 이용하여 Google Search Tool을 생성한다.

- 3. **툴 등록:** tools 리스트에 Google Search Tool을 등록한다. 이때 툴 객체는 func 변수로 넘기고, name에 툴의 이름을, 그리고 description에 툴을 언제 사용해야 할지 설명을 입력한다. 여기서는 "검색이 필요할 경우 유용하다"라고 설명하였다.

- 4. **에이전트 초기화:** 이 예제에서는 ReAct Agent가 아니라, 검색 엔진과의 연동에 최적화된 SELF_ASK_WITH_SEARCH라는 에이전트를 사용하였는데, 이 에이전트는 검색 엔진 툴의 이름을 "Intermediate Answer"로 지정해야 하는 규약이 있기 때문에, tools에서 구글 검색 엔진의 툴 이름을 "Intermediate Answer"로 지정하였다.

- 5. **에이전트 실행:** 마지막으로 에이전트가 어떻게 판단하여 답변을 도출하는지를 모니터링 해보기 위해서 initialize_agent에서 verbose=True로 지정하였다.

다음은 실행 결과이다.

실행 결과

```
〉 Entering new AgentExecutor chain...
 Yes.
Followup: Who was the 2001 US PGA champion?
Intermediate answer: 2001 PGA Champion. David Toms David Toms won his only major
championship, one stroke ahead of runner-up Phil Mickelson.
Followup: Where is David Toms from?
Intermediate answer: Monroe, LA
So the final answer is: Monroe, LA
```

앞선 예제에서 질문은 "2001년 USA PGA 챔피언의 고향은?"이다. 첫 번째로 Follow up: Who is the 2001 US PGA champion? 질문을 에이전트가 생성하여 Google Search Tool을 사용해 답을 얻는다. 이어서 두 번째 질문에서 우승자인 David toms의 고향을 질의하는 질문을 생성하여 검색 툴을 통해 답변을 얻는다. 최종적으로 Monroe, LA라는 답을 얻는다.

5.2.2 Google Search Tool with Agent Executor

앞의 예제에서는 에이전트를 생성할 때 'initialize_agent'를 사용하는 방식이다. 이는 Lang chain 0.1.0까지 지원되지만, 앞으로는 더 이상 사용되지 않을 예정이며 앞으로는 새 버전의 create_react_agent 함수를 사용하는 것이 권장된다.

create_react_agent를 사용하면 에이전트 실행을 위해 직접 AgentExecutor도 선언해야 하고, 프롬프트도 정의해야 하기 때문에 기존 방식에 비해서 다소 번거롭지만 좀 더 많은 제어가 가능해진다.

이번 절에서는 create_react_agent를 이용하는 방식을 설명하면서 내부적으로 에이전트가 어떻게 동작하는지를 자세하게 살펴보고, 더불어서 langsmith 모니터링 툴을 사용하여, 에이전트의 내부 동작을 어떻게 모니터링하고 추적하는지에 대해서 알아보록 한다.

≡ Langsmith 등록

langsmith는 랭체인에서 만든 온라인 기반의 LLM 애플리케이션 모니터링, 테스트 지원, 배포 지원 도구이다. 이번 절에서는 랭체인의 모니터링 트레이스 기능을 간단하게 살펴본다. 에이전트에서 분기가 어떻게 이루어지고, 어떤 구조로 판단을 하는지 내부 구조를 상세하게 모니터링할 수 있다.

Langsmith를 사용하기 위해서는 langsmith 사이트에 가입을 해야 한다.

Langsmith: https://www.langchain.com/langsmith

가입하고 로그인해서 대시보드로 들어가면, 왼쪽 [Project] 메뉴 ▦로 들어가서 오른쪽 [New Project] 버튼을 눌러 새로운 프로젝트를 생성한다.

■ Projects 화면

프로젝트 생성 시에는 프로젝트 이름과 설명 등을 입력한다.

■ Project 생성 화면

프로젝트가 생성되었으면, 다음 그림과 같이 왼쪽 아래에 [Settings] 메뉴로 들어가서 API KEY를 생성한다. 이 API KEY는 LLM 애플리케이션에서 사용되며, LLM 애플리케이션이 LangSmith로 각종 메트릭 정보를 보내서 모니터링을 할 수 있도록 해준다.

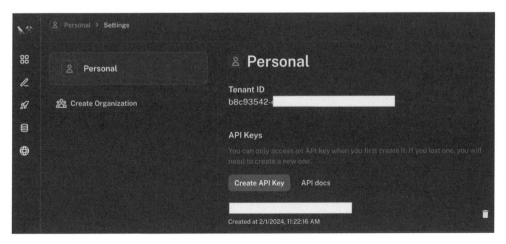

■ API 키 생성 화면

■ 예제코드

예제코드를 살펴보자. 예제코드의 앞부분은 앞의 예제와 거의 동일하다. os.environ을 이용하여 LANGCHAIN 관련 환경 변수를 설정해준다

LANGCHAIN_API_KEY는 앞에서 langsmith 콘솔에서 생성한 APIKEY를 사용하고, LANGCHAIN_PROJECT는 앞에서 생성한 langsmith의 프로젝트명을 사용한다.

코드 예제

```python
from langchain.llms.openai import OpenAI
from langchain.utilities import GoogleSerperAPIWrapper
from langchain.agents import initialize_agent, Tool
from langchain.agents import AgentType
from langchain_core.prompts import PromptTemplate
from langchain.agents import AgentExecutor, create_react_agent
import os

os.environ["LANGCHAIN_TRACING_V2"]="true"
os.environ["LANGCHAIN_ENDPOINT"]="https://api.smith.langchain.com"
os.environ["LANGCHAIN_API_KEY"]="{YOUE_LANGSMITH_APIKEY}"
os.environ["LANGCHAIN_PROJECT"]="{YOUR_LANSMITH_PROJECTNAME}"
os.environ["OPENAI_API_KEY"] = "{YOUR_OPENAI_KEY}"
os.environ["SERPER_API_KEY"] = "{YOUR_SERPER_APIKEY}"

model = OpenAI()

google_search = GoogleSerperAPIWrapper()
tools = [
    Tool(
        name="Intermediate Answer",
        func=google_search.run,
        description="useful for when you need to ask with search",
        verbose=True
    )
]

template = '''Answer the following questions as best you can. You have access to the
```

following tools:

{tools}

Use the following format:

Question: the input question you must answer
Thought: you should always think about what to do
Action: the action to take, should be one of [{tool_names}]
Action Input: the input to the action
Observation: the result of the action
... (this Thought/Action/Action Input/Observation can repeat N times)
Thought: I now know the final answer
Final Answer: the final answer to the original input question

Begin!

Question: {input}
Thought:{agent_scratchpad}'''

prompt = PromptTemplate.from_template(template)

search_agent = create_react_agent(model,tools,prompt)
agent_executor = AgentExecutor(
    agent=search_agent,
    tools=tools,
    verbose=True,
    return_intermediate_steps=True,
)
response = agent_executor.invoke({"input": "Where is the hometown of the 2007 US PGA championship winner and his score?"})
print(response)

■ **프롬프트**

이전 버전의 initializ_agent 메서드와는 다르게 create_react_agent에서는 에이전트가 사용할 프롬프트를 직접 정의해야 한다. 에이전트용 프롬프트는 랭체인 페이지에서 샘플 프롬프트를 얻을 수 있다.

https://api.python.langchain.com/en/latest/agents/langchain.agents.react.agent.create_react_agent.html

```
template = '''Answer the following questions as best you can. You have access to
the following tools:

{tools}

Use the following format:

Question: the input question you must answer
Thought: you should always think about what to do
Action: the action to take, should be one of [{tool_names}]
Action Input: the input to the action
Observation: the result of the action
... (this Thought/Action/Action Input/Observation can repeat N times)
Thought: I now know the final answer
Final Answer: the final answer to the original input question

Begin!

Question: {input}
Thought:{agent_scratchpad}'''
```

이 프롬프트에 인자로 전달해야 하는 변수는 다음과 같다.

- **tools:** 사용 가능한 툴에 대한 설명으로 각 툴에 대한 description과 입력 변수가 들어간다.

- **input:** 에이전트로 입력되는 질문

- **tools_name:** 에이전트가 사용할 수 있는 툴 이름

- **agent_scratchpad:** 에이전트는 원하는 답을 얻기 위해서 툴을 한번만 호출하는 것이 아니라, 원하는

답을 얻을때까지 툴을 반복하여 호출하는 구조를 갖는다. 툴을 호출할 때 마다 이전에 호출한 이력과 결괏값을 이 필드에 저장한다.

프롬프트의 변숫값들은 자동으로 채워지기 때문에 수정할 필요는 없다. 프롬프트 역시 이미 작성된 예제를 그대로 사용하면 된다. 단, 에이전트의 성능을 개선하고 싶은 경우에는 이 프롬프트를 수정하면 된다.
프롬프트는 에이전트의 동작 메커니즘을 가이드한다.

```
Thought: you should always think about what to do
Action: the action to take, should be one of [{tool_names}]
Action Input: the input to the action
Observation: the result of the action
... (this Thought/Action/Action Input/Observation can repeat N times)
```

---

1. **Thought 단계**: 에이전트는 LLM을 이용하여 질문에 대한 답을 얻기 위해서 어떤 행동(Action)을 취해야 하는지를 생각한다.

2. **Action 단계**: 에이전트는 어떤 툴을 사용할지를 결정한다.

3. **Action Input 단계**: 에이전트는 선택한 툴에 질의할 새로운 질문을 생성한다.

4. **Observation단계**: 에이전트는 Action에 의해서 호출된 툴의 결과를 얻고 이를 저장한다.

이 순서를 통해서 에이전투는 [Thought → Action → Action Input → Observation] 단계를 실행하고 그 결과를 agent_scratchpad에 저장한다. 원하는 답변을 얻을 때까지 이 과정을 반복한다.
프롬프트를 생성한 후, 이 프롬프트를 이용하여 에이전트를 생성하고, 이 에이전트를 이용해 AgentExecutor를 생성하여 호출한다. 에이전트가 들어온 질문에 대해 판단하고 툴을 실행하면, 이 과정을 반복하여 답변을 얻을 때까지 수행한다. 이 모든 작업을 관리하고 조정하는 역할을 하며 에이전트를 실행해 줄 주체가 필요한데, AgentExecutor가 이 역할을 한다.

■ Agent 실행 상세 구조

다음 그림은 에이전트의 상세 동작 원리를 도식화 한 것이다.

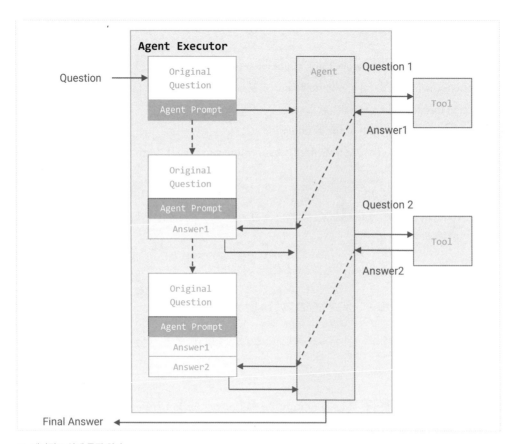

■ 에이전트 상세 동작 원리

1. **질문 입력:** 질문(Question)이 들어오면, 앞에서 생성한 에이전트용 프롬프트(Agent prompt)에 이 질문을 삽입하여 에이전트에 전달한다.

254

2. **Thought 과정:** 에이전트는 질문(Question)에 대한 답을 내기 위해서 에이전트용 프롬프트(Agent prompt)의 가이드를 참고하고, Thought 과정을 통해 필요한 질문(Question 1 : Action Input에 해당)을 생성한다.

3. **Action:** 에이전트는 생성된 질문을 해결하기 위해 선택한 툴(Action에 해당)을 호출하여 답변 (Answer 1: Observation에 해당)을 얻는다.

4. **Observation:** 에이전트는 얻은 답변을 기존 에이전트용 프롬프트(Agent prompt)의 agent_scratchpad에 추가한다

5. **반복 과정:** 이 에이전트용 프롬프트를 AgentExecutor가 다시 에이전트에 전달하고, 같은 순서로 다음 질문 (Question 2)를 생성하고, 이에 대한 답변(Answer2)를 받은 후, 이를 마찬가지로 기존 에이전트용 프롬프트의 agent_scratchpad에 추가한다.

이러한 과정을 반복하여 충분한 정보를 수집하면 다시 에이전트는 프롬프트에 있는 정보를 바탕으로 최종 답변(Final Answer)을 생성하여 리턴한다.

■ LangSmith를 통한 호출 과정 이해

에이전트의 동작 원리에 대한 개념을 이해하였으면, 이 예제에서 에이전트가 어떤 과정을 통해서 답변을 도출했는지를 LangSmith를 통해서 살펴보자.

1. LangSmith 콘솔에 접속한 후에 좌측에 프로젝트 메뉴로 들어간다.

■ LangSmith의 Projects 메뉴

2. 메뉴에서 앞서 생성한 [Project]를 선택한다.

3. 프로젝트로 들어간 후, 다음 그림과 같이 [Traces] 메뉴를 선택하면, 에이전트를 호출

한 기록을 볼 수 있다. 테스트 과정에서 선택한 호출으르 누르면 다음 그림에서 우측과 같이 AgentExecutor가 호출한 내용을 모두 볼 수 있다.

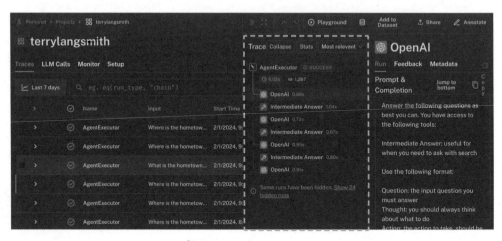

■ Project 메뉴에서 Trace

4. Trace에서 첫 번째 OpenAI 호출 내용을 살펴보자.

■ Traces에서 첫 번째 OpenAI LLM 호출 상세

5. 우측을 보면 {tools} 부분이 우리가 사용하는 Google Search Tool이 "Intermediate Answer"라는 이름으로 정의되어 있고, 이 툴의 사용 용도가 정의되어 있음을 확인할 수 있다.

Question: Where is the hometown of the 2007 US PGA
championship winner and his score?
Thought: First, I need to find out who won the 2007 US PGA
championship
Action: Intermediate Answer
Action Input: 2007 US PGA championship winner

■ 프롬프트 일부 상세

6. 프롬프트 아래쪽을 보면 에이전트가 이 질문에 답을 알기 위해서 'Thought 과정'을 통해서 "2007 US PGA 우승자를 찾는다"라고 생각하고, 'Action'으로 검색 엔진 툴인 "Intermediate Answer"를 사용하며, 'Action Input'으로 검색 키워드 "2007 US PGA championship winner"를 사용했음을 알 수 있다.

7. 좌측 메뉴에서 이 질문에 대한 어떤 정보가 왔는지 확인하기 위해 Intermediate Answer를 확인하면 다음과 같다. 2007년 우승자가 타이거 우즈인 것을 확인할 수 있다.

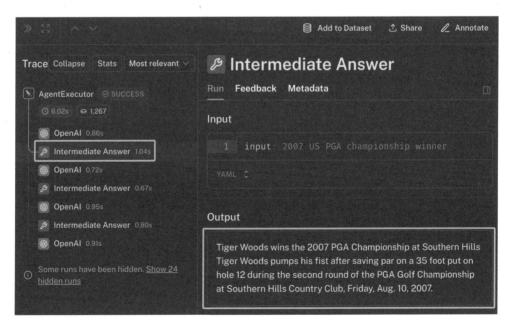

■ Intermediate Answer

8. 다음 OpenAI 단계의 프롬프트 일부를 보면 다음과 같다.

❶
Question: Where is the hometown of the 2007 US PGA championship winner and his score?
Thought: First, I need to find out who won the 2007 US PGA championship
Action: Intermediate Answer
Action Input: 2007 US PGA championship winner
Observation: Tiger Woods wins the 2007 PGA Championship at Southern Hills Tiger Woods pumps his fist after saving par on a 35 foot put on hole 12 during the second round of the PGA Golf Championship at Southern Hills Country Club, Friday, Aug. 10, 2007.

❷
Thought: Now, I need to find out where Tiger Woods is from
Action: Intermediate Answer
Action Input: Tiger Woods hometown

■ 두 번째 OpenAI 호출 프롬프트

위쪽 ①사각형을 보면 바로 앞의 OpenAI를 호출한 내용이 그대로 들어 있다. 어떤 Thought 과정을 거쳐서 어떤 툴을 사용했는지, Action에 정의되어 있고, Action에서 사용할 검색 키워드는 Action Input에 정의되어 있으며 검색 결과는 Observation에 들어있다.

9. 아래 ②사각형은 이전 호출을 기반으로 Thought에서 "타이거 우즈의 고향"을 찾아야 한다는 생각을 하고, 이를 위해서 Intermediate Answer 툴을 사용할 것이라는 것을 알 수 있다.

10. 최종 OpenAI 호출을 보자.

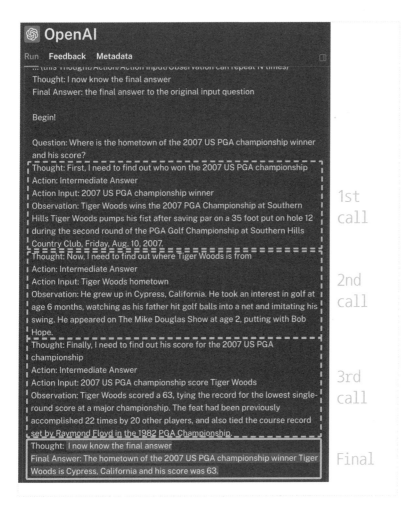

■ 최종 openAI 호출 내용

앞의 그림과 같이 총 3번의 Action을 호출하여, 호출에 대한 [Thought, Action, Action Input, Observation] 단계를 거쳤으며, 마지막 호출에서 에이전트는 원하는 답을 찾았고 최종 답변인 'Final Answer'를 생성한 것을 확인할 수 있다.

이 과정은 에이전트가 어떻게 작동하는지를 시각적으로 이해하는 데 도움이 된다. 에이전트는 Thought, Action, Action Input, Observation 단계를 반복하며 최종 답변을 생성한다. LangSmith를 통해 이 과정을 모니터링하고 분석할 수 있다.

5.2.3 웹페이지를 크롤링하는 커스텀 툴 만들기

에이전트가 사용하는 툴을 사용자가 쉽게 개발해서 추가할 수 있다. 이번 예제에서는 DuckDuckSearch 툴을 이용하여, 질문에 관련된 웹사이트를 검색한 후, 그중 한 웹사이트의 내용을 크롤링해서 웹페이지 내용을 읽어온 후에, 이를 요약하는 예제를 만들어 본다.

이를 위해서 웹페이지를 크롤링하는 툴을 BeautifulSoup을 이용해서 만들어 본다.

커스텀 툴을 정의하는 방법은 여러 가지가 있는데, 이번 예제에서는 데코레이터를 사용하는 방법과 StructuredTool을 사용하는 방법 두 가지를 살펴보자.

먼저 데코레이터(decorator)를 사용하는 방법이다.

```python
HEADERS = {
    'User-Agent': 'Mozilla/5.0 (Macintosh; Intel Mac OS X 10.15; rv:90.0) Gecko/20100101
Firefox/90.0'
}


def parse_html(content) -> str:
    soup = BeautifulSoup(content, 'html.parser')
    text_content_with_links = soup.get_text( )[:3000]
    return text_content_with_links


@tool
def web_fetch_tool(url:str) -> str:
    """Useful to fetches the contents of a web page"""
    if isinstance(url,list):
        url = url[0]
    print("Fetch_web_page URL :",url)
    response = requests.get(url, headers=HEADERS)
    return parse_html(response.content)
```

'web_fetch_tool'이라는 이름으로 툴을 만들었는데, 툴을 만들기 위해서는 함수에 '@tool' 이라는 데코레이터를 선언해주면 된다. 이때 입력(input)과 출력(return)에 대한 데이터 타입을 반드시 지정해야 한다. 이는 함수 선언 시에 정의된 입출력 변수명과 변수 타입을 툴의 입출력 정보로 사용하기 때문이다.

그리고 함수 첫 줄에 """으로 주석을 달아주면, 주석이 툴에 대한 설명(description)이 된다. 즉 앞의 예제에서는 툴에 대한 정보는 다음과 같이 정의된다.

- **Tool name**: web_fetch_tool
- **Tool description**: web_fetch_tool(url: str) -> str - Useful to fetches the contents of a web page
- **Tool argument**: {'url': {'title': 'Url', 'type': 'string'}}

web_fetch_tool은 URL을 인자로 받은 후에, request.get(url)을 통해 웹페이지를 크롤링한다. 크롤링을 위해서 HTTP Header의 내용을 HEADERS 변수에 저장하여 전달하였다. 이렇게 크롤링 된 HTML은 HTML 태그를 제외하고 텍스트 부분만 추출하기 위해 'parse_html' 함수에서 BeautifulSoup의 HTML Parser를 사용해 텍스트 부분만 추출하여 리턴한다.

데코레이터를 사용하는 방법 이외에도 StructuredTool을 이용하는 방법도 있다. 다음은 StructuredTool을 이용하여 fetch_web_page 함수를 툴로 등록하는 코드이다. func에 툴로 등록할 함수 이름을 지정하고, name에 툴의 이름을, 그리고 마지막으로 description에 툴에 대한 설명을 추가한다.

```python
def fetch_web_page(url:str) -> str:
    if isinstance(url,list):
        url = url[0]
    print("Fetch_web_page URL :",url)
    response = requests.get(url, headers=HEADERS)
```

```
    return parse_html(response.content)

web_fetch_tool = StructuredTool.from_function(
    func=fetch_web_page,
    name="WebFetcher",
    description="Useful to fetches the contents of a web page"
)
```

이렇게 하면 지정된 웹 페이지 URL을 크롤링하는 툴이 생성된다.

▪ 전체 애플리케이션 코드

이제 전체 애플리케이션을 만들어보자. DuckDuckGoSearch를 이용해 필요한 정보를 검색하고, 검색된 페이지의 URL을 web_fetch_tool로 전달해 본문을 추출한 후, summarize_tool을 이용해 요약하는 예제이다.

코드 예제

```python
import requests
from bs4 import BeautifulSoup
from dotenv import load_dotenv
from langchain.tools import Tool, DuckDuckGoSearchResults
from langchain.prompts import PromptTemplate
from langchain.chat_models import ChatOpenAI
from langchain.chains import LLMChain
from langchain.agents import AgentExecutor, create_react_agent
from langchain.tools import BaseTool, StructuredTool, tool
import os

os.environ["LANGCHAIN_TRACING_V2"]="true"
os.environ["LANGCHAIN_ENDPOINT"]="https://api.smith.langchain.com"
os.environ["LANGCHAIN_API_KEY"]="{YOUR_LANGCHAIN_APIKEY}"
os.environ["LANGCHAIN_PROJECT"]="{YOUR_LANGCHAIN_PROJECT}"
os.environ["OPENAI_API_KEY"] = "{YOUR_OPENAI_KEY}"
model = ChatOpenAI(model="gpt-3.5-turbo-16k")
```

```python
ddg_search = DuckDuckGoSearchResults( )
HEADERS = {
    'User-Agent': 'Mozilla/5.0 (Macintosh; Intel Mac OS X 10.15; rv:90.0) Gecko/20100101
                                                              Firefox/90.0'
}


def parse_html(content) -> str:
    soup = BeautifulSoup(content, 'html.parser')
    text_content_with_links = soup.get_text( )[:3000]
    return text_content_with_links


def fetch_web_page(url:str) -> str:
    if isinstance(url,list):
        url = url[0]
    print("Fetch_web_page URL :",url)
    response = requests.get(url, headers=HEADERS)
    return parse_html(response.content)


web_fetch_tool = StructuredTool.from_function(
    func=fetch_web_page,
    name="WebFetcher",
    description="Useful to fetches the contents of a web page"
)


summarization_chain = LLMChain(
    llm=model,
    prompt=PromptTemplate.from_template("Summarize the following content: {content}")
)
summarize_tool = Tool.from_function(
    func=summarization_chain.run,
    name="Summarizer",
    description="Useful to summarizes a web page"
)


tools = [ddg_search, web_fetch_tool, summarize_tool]
```

```
template = '''Answer the following questions as best you can. You have access to the
following tools:

{tools}

Use the following format:

Question: the input question you must answer
Thought: you should always think about what to do
Action: the action to take, should be one of [{tool_names}]
Action Input: the input to the action
Observation: the result of the action
... (this Thought/Action/Action Input/Observation can repeat·N times)
Thought: I now know the final answer
Final Answer: the final answer to the original input question

Begin!

Question: {input}
Thought:{agent_scratchpad}'''

prompt = PromptTemplate.from_template(template)

agent = create_react_agent(model,tools,prompt)
agent_executor = AgentExecutor(
    agent=agent,
    tools=tools,
    verbose=True,
    return_intermediate_steps=True,
    handle_parsing_errors=True,
)

question = "Tell me about best Korean restaurant in Seoul.\
Use search tool to find the information.\
To get the details, please fetch the contents from the web sites.\
```

```
Summarize the details in 1000 words."

print(agent_executor.invoke({"input":question}))
```

이 예제는 DuckDuckGo 서치를 이용하여, 필요한 정보를 검색하도록 하고, 검색된 페이지의 URL을 필요한 경우 'web_fetch_tool'로 전달하여, 본문을 추출한 후, 'summarize_tool'을 이용하여 요약한 정보를 출력하도록 하는 예제이다.

먼저 duckduckgo Search Tool을 등록한다. DuckDuckGo(https://duckduckgo.com/)는 구글과 같은 검색 엔진으로, 사용자 정보를 수집하지 않고, 개인 정보를 보호하는 기능이 강화된 검색 엔진이다. 파이썬의 'DuckDuckGoSearchResult( )'는 검색 결과에 텍스트 뿐만 아니라, URL까지 같이 리턴하기 때문, 특정 페이지의 내용을 모두 크롤링하는 이 예제의 시나리오에 적절하다.

```
ddg_search = DuckDuckGoSearchResults( )
```

다음으로, 검색 결과를 요약하는 툴을 작성해보자.

'summarization_chain'이라는 이름으로 LLMChain을 다음과 같이 생성하자. Chain의 템플릿은 "Summarize the following content: {content}"로 입력된 문장을 요약하도록 한다.

```
summarization_chain = LLMChain(
    llm=model,
    prompt=PromptTemplate.from_template("Summarize the following content: {content}")
)
summarize_tool = StructuredTool.from_function(
    func=summarization_chain.run,
    name="Summarizer",
    description="Useful to summarizes a web page"
)
```

다음 LLMChain을 StructuredTool.from_function을 이용하여 툴로 등록하였다.

이렇게 3가지 툴을 모두 생성하였으면 'tools' 리스트에 3가지 툴을 등록하고, 에이전트를 생성한 후, agent_executor를 이용하여 툴과 에이전트를 등록한다.

tools = [ddg_search, web_fetch_tool, summarize_tool]

```python
template = '''Answer the following questions as best you can. You have access to
the following tools:

{tools}

    :

agent = create_react_agent(model,tools,prompt)
agent_executor = AgentExecutor(
    agent=agent,
    tools=tools,
    verbose=True,
    return_intermediate_steps=True,
    handle_parsing_errors=True,
)
```

마지막으로 에이전트와 agent_executor가 모두 준비 되었으면, agent_executor를 호출해 보자.

```python
question = "Tell me about best Korean restaurant in Seoul.\
Use search tool to find the information.\
To get the details, please fetch the contents from the web sites.\
Summarize the details in 1000 words."

print(agent_executor.invoke({"input":question}))
```

agent_executor에서 verbose=True로 설정했기 때문에 중간 과정을 콘솔을 통해 확인할 수 있는데, 실행 과정은 대략 다음과 같은 순서로 진행됩니다. verbose=True로 설정하지 않더라도 LangSmith를 통해서도 실행 과정을 모니터링할 수 있다.

질문	Tell me about best Korean restaurant in Seoul.
	Use search tool to find the information.
	To get the details, please fetch the contents from the web sites.
	Summarize the details in 1000 words.
	서울에서 최고의 한국 레스토랑을 이야기해줘.
	검색 도구를 이용해서 정보를 찾아줘.
	상세 정보를 찾기 위해서, 웹사이트에서 정보를 수집해줘.
	마지막으로 디테일을 1000 자 이내로 요약해줘
Thought	"I need to use the DuckDuckGo Results JSON tool to search for the best Korean restaurant in Seoul. Then, I can use the web_fetch_tool to fetch the contents of the websites that provide information about the restaurant. Finally, I can use the Summarizer tool to summarize the details in 1000 words."
	"서울에서 최고의 한식 레스토랑을 찾기 위해 DuckDuckGo 결과 JSON 도구를 사용한다. 그런 다음, 레스토랑 정보를 제공하는 웹사이트의 내용을 가져오기 위해 web_fetch_tool을 사용할 수 있다. 마지막으로, Summarizer 도구를 사용하여 세부 정보를 1000단어로 요약할 수 있다."
Action	DuckDuckGo Result JSON
Action Input	best Korean restaurant in Seoul
Thought	I have fetched the contents of the website "https://www.willflyforfood.net/seoul-food-guide-25-must-eat-restaurants-in-seoul-south-korea/". Now I need to use the Summarizer tool to summarize the details in 1000 words.
	"https://www.willflyforfood.net/seoul-food-guide-25-must-eat-restaurants-in-seoul-south-korea/" 웹사이트의 내용을 가져왔다. 이제 1000단어로 요약하는 Summarizer 도구를 사용한다."
Action	Summarizer

Action Input	Contents of the website "https://www.willflyforfood.net/seoul-food-guide-25-must-eat-restaurants-in-seoul-south-korea/"
Observation	The website "https://www.willflyforfood.net/seoul-food-guide-25-must-eat-restaurants-in-seoul-south-korea/" provides a comprehensive food guide for Seoul, South Korea. It lists 25 must-eat restaurants in the city and offers detailed information about each establishment, including the type of cuisine, specialties, location, and price range. This guide aims to help visitors and locals alike discover the best dining experiences in Seoul. (웹사이트에서 읽어온 웹페이지 내용)
Final Answer (결과)	The best Korean restaurants in Seoul can be found by referring to the comprehensive food guide provided by "https://www.willflyforfood.net/seoul-food-guide-25-must-eat-restaurants-in-seoul-south-korea/". This guide lists 25 must-eat restaurants in Seoul, offering detailed information about each establishment, including the type of cuisine, specialties, location, and price range.

이와 같이 에이전트는 질문에 대한 답을 얻기 위해 필요한 정보를 단계별로 수집하고 요약하여 최종 답변을 제공한다.